U0133923

新編諸子集成續編

中鑒注校補

〔漢〕荀悦 撰
〔明〕黄省曾 注
孫啓治 校補

中華書局

圖書在版編目(CIP)數據

申鑒注校補/(漢)荀悦撰;(明)黄省曾注;孫啓治校補.—北京:中華書局,2012.9(2023.5重印)
(新編諸子集成續編)
ISBN 978-7-101-08733-8

Ⅰ.申… Ⅱ.①荀…②黄…③孫… Ⅲ.①政論-中國-東漢時代②《申鑒》-注釋 Ⅳ.B234.942

中國版本圖書館CIP數據核字(2012)第123030號

責任編輯:石 玉
責任印製:陳麗娜

新編諸子集成續編
申鑒注校補
〔漢〕荀 悦 撰
〔明〕黄省曾 注
孫啓治 校補
*
中華書局出版發行
(北京市豐臺區太平橋西里38號 100073)
http://www.zhbc.com.cn
E-mail:zhbc@zhbc.com.cn
三河市鑫金馬印裝有限公司印刷
*
850×1168毫米 1/32 · 8⅜印張 · 2插頁 · 160千字
2012年9月第1版 2023年5月第3次印刷
印數:6001-7500册 定價:32.00元

ISBN 978-7-101-08733-8

新編諸子集成續編出版緣起

新編諸子集成叢書，自一九八二年正式啟動以來，在學術界特别是新老作者的大力支持下，已形成規模，成爲學術研究必備的基礎圖書。叢書原擬分兩輯出版，第一輯擬目三十多種，後經過調整，確定爲四十種，今年將全部出齊。第二輯原來只有一個比較籠統的規劃，受各種因素限制，在實施過程中不斷發生變化，有的項目已經列入第一輯出版，因此我們後來不再使用第二輯的提法，而是統名之爲新編諸子集成。

隨着新編諸子集成這個持續了二十多年的叢書劃上圓滿的句號，作爲其延續的新編諸子集成續編，現在正式啟動。它的立意、定位與宗旨同新編諸子集成一脈相承，力圖吸收和反映近幾十年來國學研究與古籍整理領域的新成果，爲學術界和普通讀者提供更多的子書品種和哲學史、思想史資料。

續編堅持穩步推進的原則，積少成多，不設擬目。希望本套書繼續得到海内外學者的支持。

中華書局編輯部

二〇〇九年五月

目録

前言

我做了政論、昌言二書校注之後，本來不打算整理荀悦的申鑒這部同樣是後漢人議論政事與時俗的書。一來已有明人黄省曾的注，引經據典，校勘文字，大致還能把這本模仿法言的書讀下去。二來我覺得，後漢人批評社會與時弊，像王充、王符、崔寔、仲長統等，雖各自議論有所偏重，觀點有所異同，但都是直抒胸臆、切指時弊、大抵無所忌諱的。荀悦則不同，他的申鑒在説正面的道理，談理想的政治、倫理與社會，明明所説都和時政相反，卻對時弊少有針砭。看上去，就像一個人處身於雜亂骯髒的屋子裏，坐在那兒閉着眼，嘴裏自説自話道「屋子要保持整潔乾淨」，而對四周的雜亂骯髒不説一句。這種「坐而論道」的「空言」，我讀起來覺得別扭。但最終，我還是決定依靠黄省曾的注，把這書給整理出來，在黄注基礎上寫了這部申鑒注校補。這理由，要向讀者交待一下。

所言皆不詭於正也。」正因爲這書「原本儒術」，「不詭於正」，所以後世的人，尤其是宋明以後的士大夫們當中，有些人推崇申鑒，因爲他們都是主張「怨而不怒」的。這大概就是爲什麽不同於政論、昌言久已散佚的命運，申鑒靠着後人傳刻，五卷書大體上留存下來，黄省曾還爲之作注。所以，這書畢竟對後世還有點影響，不能因爲我或與我有同感的人看着不痛快，就把它摒棄於子書的殿堂外，抹殺它在後漢思想史上應有的一定地位。其次，所謂知人論世，看一部書所議論，你想知道作者爲什麽要這樣説，就必須對作者的時代與身世有所了解，才能對書做出接近實際的評價，這同樣也不能全凴個人感情來衡量作者的書。

荀悦是後漢名士「八龍」之一荀儉之子，他的叔父荀爽更是大儒。漢獻帝建安元年，曹操初爲鎮東將軍，荀悦當了曹操的幕僚。後來，他和孔融、堂兄弟荀彧一同「侍講禁中」，就是爲皇帝談學問、當顧問。孔融與曹操不和，曹操專權之後，他還是與之作對，語多譏刺，結果得罪曹操，下獄處死，妻小也被殺。荀彧卻是曹操的得力謀士，很被曹操看重，但後來他反對曹操進爵爲魏王，就因爲這，遭曹操忌恨，結果被迫服毒自殺。荀悦則始終不被曹操看重，後來當了祕書監，加官侍中，就是主管圖書文籍，並成了獻帝身邊的顧問。他出生名士世家，後漢書本傳説他「年十二，能説春秋」，「性沈静，美姿容，尤好著述」。既然不爲世所用，懷才不遇的情緒是難免的。如果他要針砭政弊，提出政事改革的主張，則不免觸犯曹操，而孔融和堂兄弟荀彧得罪曹操的結局，是他親眼所見的；如果他真要勸勵獻帝實際有所行動以「重整朝綱」，則不僅獻帝，連他自己也明白是徒勞，曹操擅權挾制獻帝，也是他親身感受的。那麽，身處閑職的他既然「尤好著述」，就著述以自遣吧。但既不敢隨便説話以得罪曹操，又不甘寂寞而想表達自己，則這「著述」自然就多談理想，少談實際。所以他這部申鑒雖然内容龐雜，除了治國之方、君臣之道，還涉及修身治學、求神問卦、修煉養生、貨幣流通以及漢人常議論的肉刑、報私仇、人性善惡、官吏的俸禄與考核、經學的今古文、讖緯的真僞等話題，但對時局的嚴重性少有中肯的議論，無所針砭，最多在夾縫中説一二句。明代王鏊替申鑒黄注本作序，説：「悦每有獻替，而意有未盡，此申鑒所爲作者，蓋有志於經世也。然當時政體，顧有大於攬機務（顧有，豈有），使權不下移者乎？而曾無一言及之，何哉？厥後融以論建漸廣（謂議論牴牾曹操處漸多），彧以不阿九錫（謂不阿奉曹操進爵爲魏王），皆不得其死。悦獨優游以壽終，其亦善處濁世者矣。」正是因爲這書繞開朝廷「攬機務，使權不下移」之類敏感問題，所以他才躲過孔融、荀彧的下場，「獨優游以壽終」的。替這書作注的黄省曾也在序中説「悦於見幾君子誠若有愧（見幾，隨機應變）。指荀悦不得罪曹操，以求容身）」，又説申鑒五卷「亦徒空言也矣」。所謂「空言」，就是指避而不談實際問題。

後漢書本傳説，荀悦寫這部申鑒，是奏給獻帝看的。據書中有「臣悦叔父爽」之語，稱己爲「臣」，則本傳説法可信。他開篇就解釋書名「申鑒」之意，説：「夫道之本，仁義而已矣。五典以經之，羣籍以緯之，詠之歌之，弦之舞之。前鑒既明，後復申之。故古之聖王，其於仁義也，申重而已。篤序無彊（彊通疆），謂之『申鑒』。」意思是説，道的根本就是仁義，五經所載是仁義的綱要，羣書所説是仁義的闡發，人們的歌詠舞蹈也是讚頌仁義的。仁義之道，於前人往事既然明白可借鑒，後人就再申述它。所以古代聖王對於仁義，只是申述仁義的前鑒而已。老老實實地一再申述，這就叫「申鑒」。那麼，他著這部書總的意思就清楚了，一是主張儒家的仁義是道的根本所在，二是行仁義要借鑒前人，也就是古人。所以，申鑒這書凡是論到治國之方、君臣之道，大抵都是申述儒家經典的固有説法，而且不和現實挂鈎的。這，説他是「原本儒術，故所言皆不詭於正」也可，説他是「老生常談」也未嘗不可。

「立天之道曰陰與陽，立地之道曰柔與剛，立人之道曰仁與義。」這是易説卦文，意思是成就天的道是陰與陽，成就地的道是剛與柔，成就人的道是仁與義。這是把人的仁義與天地之陰陽、剛柔並列爲三。荀悦在議論爲政綱要的政體篇中引了説卦此文，他加以申述，説：「陰陽以統其精氣，剛柔以品其羣形，仁義以經其事業，是爲道也。」意即以陰陽統領天的精氣，以剛柔分別地的羣物，以仁義經營人的事業，這就是道。如果倒過來推演他的話，就是人辦事要根據仁義，是因爲地上萬物都有剛柔；地上萬物所以有剛柔，是因爲天上有陰陽之精氣（萬物稟受陰陽精氣成形於地，所以因陰陽之氣而有剛柔）。也就是説，「仁義」體現了地上萬物的「剛柔」和天上精氣的「陰陽」。他接着説：「故凡政之大經，法、教而已。教者，陽之化也；法者，陰之符也。」意即治理政事的常道就在刑法與教化而已，教化是順着陽氣的化育，刑法則符合陰氣的肅殺。然後他圍繞「法、教」解釋了仁義禮信智一系列概念，説：「仁也者，慈此者也；義也者，宜此者也；禮也者，履此者也；信也者，守此者也；智也者，知此者也。」意思是，「仁」就是以慈愛心施行法與教，「義」就是執行法與教得當，「禮」就是履行這個法與教，「信」就是遵守這個法與教，「智」就是知曉施行法與教的方法。儒家的仁義禮信智概念，都被賦予治理政事的内涵，這顯然是説給獻帝聽的。那麽對於施行法與教，怎樣體現這些道德準則？他説：「是故好惡以章之（章通彰），喜怒以涖之，哀樂以恤之。」「好惡」針對人的善與不善，對善人則喜好而施教，對不善的人則厭惡而施法，所以「好惡」是彰明法與教的勸善懲惡作用。「喜怒」是「好惡」的反應，行教化則心喜，行刑罰則心怒。「哀樂」指自己内心感情，念及施教則心情快樂，念及施法則心情悲哀。「哀樂以恤之」，就是指施行法與教要有慈愛之心，所以才行教樂而施法哀。那麽「好惡以章之，喜怒以涖之」就都是因人的善惡不同才有好惡喜怒，而不是專由自己的好惡喜怒來施行法與教。用慈愛心施行法與教就是「仁」，由「仁」而行之得宜就是「義」（義的本來意思就是行爲合理得宜）。仁義爲根本，主要就體現在法與教上，禮信智三者都是圍繞仁義説的。所以説「立人之道曰仁與義」，「仁義以經其事業」。這樣理解，也符合他開篇説的「夫道之本，仁義而已」。他下結論：「若乃二端不愆，五德不離，六節不悖，則三才允序，五事交備，百工惟釐，庶績咸熙。」這是説，如果法與教兩方面不出差錯，仁義等五種道德準則不喪失，好惡等六種情感不違理，那麽天地人之關係一定和順，人主修身的五件事也就具備（「五事」指尚書洪範所稱對人主的「貌」即態度、「言」、「視」即觀察、「聽」、「思」五個要求），百官就治理好事情，各種事業都興旺起來。

既然以仁義爲根本的法與教是治理政事的常道，那麽他認爲治國的綱要就是「惟先喆王之政（喆同哲），一曰承天，二曰正身，三曰任賢，四曰恤民，五曰明制，六曰立業。承天惟允，正身惟常，任賢惟固，恤民惟勤，明制惟典，立業惟敦，是謂政體也」。是説先代明哲君王的治政，一是自己承奉天命，二是自己以身作則，三是用賢，四是體恤百姓，五是使制度透明，六是建立功業。承奉天命要誠信，以身作則要有恒，用賢要堅定，體恤百姓要勤快，制度透明要依據正道常法，建立功業要勉力。他認爲這就是治政的大體。要達到這樣的「政體」，必須摒除「四患」，崇尚「五政」。他説的「四患」就是「一曰僞（弄虚作假），二曰私（講私情），三曰放（放縱横行），四曰奢」，因爲「僞亂俗（亂俗，傷風敗俗），私壞法，放越軌，奢敗制」，所以「四者不除，則政末由行矣（末，無）」。他説的「五政」就是「興農桑以養其生（其生，國家的生民，民衆），審好惡以正其俗（審定什麼該愛好去做和什麼該厭惡不去做，以此整頓國家的風俗），宣文教以章其化（宣揚德教以彰明國家的教化），立武備以秉其威（建立軍備以保持國家威勢），明賞罰以統其法（明確賞罰的規定以統一國家法度）」這五個政事措施。

以上就是荀悦在政體篇提出的治國常道與綱要。但針對當時的現實，他説的並不具體。比如「興農桑以養其生」這條，他說：「帝耕籍田，后桑蠶宫（桑，喂蠶），是國無遊民，野無荒業，財不虚用，力不妄加，以周民事（以此適應百姓從事農業），是謂養生。」這「帝耕籍田」就是天子行「籍禮」，在皇家徵用民力耕種的田地上推幾步犁做個樣子。「后桑蠶宫」就是皇后到皇家養蠶的蠶館裏喂蠶，也是做個樣子。二者都是表示國家重視農業的儀式，談不上興旺農業的具體辦法。對其餘「正俗」、「章化」、「秉威」、「統法」四條的説法，大致也都是泛泛而談。他還提出「惟修六則，以立道經」（制定六項原則，以建立行道的準則）、「惟恤十難，以任賢能」（用賢能要注意十種難處）、「惟察九風，以定國常」（制定國法要觀察九樣風氣）、「惟慎庶獄，以昭人情」（慎重對待審案，以剖白民情）、「惟稽五赦，以綏民中」（根據五個原則決定赦免，以安撫百姓）等，也都是浮在儒家仁義道德的理論層面，而少接觸實際問題。例如「惟察九風，以定國常」這條，他說：「惟察九風，以定國常。一曰治，二曰衰，三曰弱，四曰乖，五曰亂，六曰荒，七曰叛，八曰危，九曰亡。君臣親而有禮，百僚和而不同（百官和睦相處，但各有自己的不同見解，不求一致而隨大流），讓而不争，勤而不怨，無事惟職是司（除恪守職務，别無他事），此治國之風也。禮俗不一（不一，不統一），位職不重（不重，没有威望），小臣讒嫉，庶人作議（百姓議論紛紛），此衰國之風也。君好讓（讓，屈讓），臣好逸，士好遊（遊，遊樂放蕩），民好流（流，流散國外），此弱國之風也。君臣争明（争明，争着表現自己明智），朝廷争功，士大夫争名，庶人争利，此乖國之風也。上多欲，下多端（政事紛雜），法不定，政多門（政令不統一），此亂國之風也。以侈爲博，以伉爲高，以濫爲通（以奢侈爲多財富有，以抗命爲清高剛毅，以胡亂行事爲開明通達），遵禮謂之劬，守法謂之固（遵從禮教叫做苦自己，恪守法度叫做拘泥固執），此荒國之風也。以苛爲密（以法令繁重爲治理嚴明），以利爲公（把謀私利當成公務），以割下爲能（把剥削下民當成有才能），以附上爲忠（以附和上司表示忠），此叛國之風也。上下相疏（君臣不和），内外相蒙（裏面的朝廷和外面的百姓互相矇騙），小臣争寵，大臣争權，此危國之風也。上不訪，下不諫（君不咨詢臣，臣不勸諫君），婦言用，私政行（只聽信寵幸婦人的話，後宫執政），此亡國之風也。故上必察乎國風也。」他把九種國家的不同風氣都説到了，但明白之後怎麼根據當時現狀「定國常」呢？他没説下去。

在本書雜言上篇，荀悦説了這麼一段話：「人主之患，常立於二難之間。在上而國家不治，難也；治國家則必勤身苦思，矯情以從道，難也。」當人主的苦惱，就是常處於兩難之間。居君位而國家不得治理，就難做君了；要治好國家，必須苦身勞心，抑制情感而從道義，就難做人了。當然他希望人主克制自己，做到不難爲君。在政體篇他説「聖王屈己以申天下之樂，凡主申己以屈天下之憂（二「之」字和「於」同義）」，就是這意思。「屈己」，就是指「勤身苦思，矯情以從道」。所以他在同篇中説，做人主的應「有公賦無私求，有公用無私費，有公役無私使，有公賜無私惠，有公怒無私怨」。人主一切爲公，没有私求、私費、私使、私惠、私怨。他甚至認爲，「愛民如子」、「愛民如身（身，自己）」還不算是最仁的人主。雜言上篇有這麼一段假設的問答：「或曰：『愛民如子，仁之至乎？』曰：『未也。』曰：『愛民如身，仁之至乎？』曰：『未也。湯禱桑林，邾遷于繹，景祠于旱，可謂愛民矣。』曰：『何重民而輕身也？』曰：『人主承天命以養民者也。民存則社稷存，民亡則社稷亡。故重民者，所以重社稷而承天命也。』」文中舉的三個典故是：商王湯因爲天大旱，以自己身體作祀神的祭品，祈禱神降雨。春秋時邾國國君文公遷都繹，卜筮的官員説遷都有利於百姓而不利於王，文公説「上天生民而立君，立君就是爲了利民的」，又説「我有命就是爲養民，壽命長短是時運，只要利民，就遷都」。齊國大旱，景公聽從晏子，自己到野外露宿以求雨。荀悦認爲，愛民如子、愛民如己，都不算最仁，只有像商湯、邾文公、齊景公那樣重民勝於重己，才是最仁的人主，因爲民存則國家在，民亡則國家没了。像這樣克己爲公、重民勝於重己的君主，當時恐怕只能停留在荀悦的理想中。

荀悦在政體篇中説：「天下國家一體也，君爲元首，臣爲股肱，民爲手足。」既然君臣民一體，那人君治理下民自然離不開中間的臣。所以他在雜言上篇説：「或問：『致治之要，君乎？』曰：『兩立哉（兩，指君與臣；立，做成）。非天地不生物，非君臣不成治。首之者天地也，統之者君臣也哉。』」意思是：有人問：「使國家得以治理的關鍵，在人君麽？」回答：「國家的治理，是君與臣一起做成的。没有天地就不能生萬物，没有君臣就不成治理。始生萬物的是天地，統治萬物的是君臣。」同篇中他還談到人臣之道，説：「大臣之患，常立於二罪之間。在職而不盡忠直之道，罪也；盡忠直之道焉，則必矯上拂下，罪也。有罪之罪，邪臣由之（由，聽任）；無罪之罪，忠臣置之（置通值，面對）。」是説當大臣的苦惱，常處於兩罪之間。在位不忠心耿直，就是失職而有罪；忠心耿直，就要觸犯人主和羣臣，那會因觸犯而有罪。失職的罪，奸臣聽任它；不失職而獲罪，忠臣面對它。他在政體篇中把人臣區别爲「治世之臣」和「衰世之臣」，説：「治世之臣所貴乎順者三，一曰心順（不違心），二曰職順（不瀆職），三曰道順（不背道義）。衰世之臣所貴乎順者三，一曰體順（舉止恭順人主），二曰辭順（説話奉承上面），三曰事順（辦事順從上意）。治世之順，真順也。衰世之順，生逆也（滋長奸逆不忠）。」在雜言上篇他再次説：「違上順道謂之忠臣，違道順上謂之諛臣。忠所以爲上也，諛所以自爲也。忠臣安於心，諛臣安於身。」忠臣爲了順從道義和人主頂撞，拍馬屁的爲了順從人主而違背道義。忠臣其實是真爲人主着想，所以心安無愧。拍馬屁的其實是爲自己，但求身安。在君主制時代，所謂「爲上」、「爲君」，就意味着爲公、爲國。如果説在荀悦所處的後漢晚期，他心所嚮往的克己爲公、重民勝於重己的君主只是幻想，那麽爲公、爲國的臣子也只能停留在理想的層面。

本書第二篇爲時事，談當時的時務，共二十一條。首二條是總論，其餘十九條分論各種問題。荀悦借商王盤庚遷都殷這件事説起。盤庚有遠見，爲了革除舊都的奢靡風氣，決定遷都到殷，實行節儉治國。荀悦認爲這是古今通用的「尚知貴敦」之法。「尚知貴敦」就是要明理和務實。他説：「不求無益之物，不蓄難得之貨，節華麗之飾，退利進之路（利進，謀利謀官），則民俗清矣。簡小忌（摒棄無謂的禁忌），去淫祀（取消違禮的濫祀），絶奇怪（禁止做反常的事情），則妖僞息矣（妖異詭詐的現象就消失）。致精誠（盡己之誠意），求諸己（求自身端正），正大事（正，治理），則神明應矣（神就報應祥瑞）。放邪説（放，捨棄），去淫智（心思不用於旁門左道），抑百家，崇聖典，則道義定矣。去浮華，舉功實（幹實事），絶末伎（禁工商），同本務

（專一務農）」，則事業脩矣（脩，治理好）。」這其中，「簡小忌」、「去淫祀」、「放邪説」、「去淫智」、「抑百家」、「崇聖典」都屬於「尚知」；「不求無益之物」、「不蓄難得之貨」、「節華麗之飾」、「去浮華」、「舉功實」、「絶末伎」、「同本務」都屬於「貴敦」。其餘十九條中，如第六條「刑德並用」，説教化與刑法的施行應該由簡略逐漸做到嚴密，讓人們有個適應過程，不能操之過急；第十六條「至德要道」，説道的要旨雖精約，須通過博學才能通曉，博學是方法，博學才能歸納道的要旨。這些都是談理論，而非有關時務的具體措施。又如第十三條「月正聽朝」（恢復正月元日天子大朝受賀之禮），第十四條「崇内教」（重視對後宫婦女的教育），第十九條「復外内之記」（恢復史官之職，記載天子言行及朝廷内事），也都是儒家常談，雖意在「申鑒」，實爲不急之務。

十九條中，針對實際問題的，可舉出下列各條：

一、議富豪土地兼併。第九條「議專地」，他説：「諸侯不專封。富人名田踰限，富過公侯，是自封也。大夫不專地。人賣買由己，是專地也。」富豪名下的土地無限制，富過王公諸侯，等於自封爲王侯了。人們擅自買賣土地，那就專有土地權了。這是古代諸侯、卿大夫都不能做的事。那麼可否恢復井田制以限制兼併呢？他回答：「否。專地非古也，井田非今也。」認爲佔地逾制、土地買賣自由雖不合古制，但井田制也不是現在能實行的。「井田」相傳是周代建立的制度，每九百畝的耕地劃分成「井」字形九塊，中央一塊百畝爲公田，四周八塊各百畝爲私田，就是均田制。土地如此整齊劃一，實際在周代也未必能嚴格施行，而秦代早就廢除，到了後漢末季再來恢復井田制，不現實。（其實前漢末王莽稱帝，就搞過「王田」，即井田制，以失敗告終。）那怎麼辦？他說：「耕而勿有，以俟制度可也。」意思是先使耕地者没有土地所有權，然後等待制定法度以限制佔田。無地權即禁止買賣土地，先防止兼併進一步嚴重。但他没有説限制佔田的具體辦法，只是説「以俟制度」。與荀悦同時的仲長統就建議恢復井田制（見昌言損益篇），但不是指收回富豪已佔有的土地，而是針對新開墾的土地，將土地歸爲國有，平均分給失地農民，以防新一輪兼併。荀悦雖認爲實行井田制「非今」，但他其實也拿不出什麼更好的具體辦法，總不見得定個限田規定，讓富豪把多佔的田地讓出來？所以後來他編著漢紀，自己說：「井田之法，宜以口數占田，爲立科限，民得耕種，不得買賣，以贍民弱，以防兼併，且爲制度張本，不亦宜乎？雖古今異制，損益隨時，然紀綱大略，其致一也。」認爲儘管古今制度不同，因時增減，不能依樣畫葫蘆照搬井田制，但井田規定以丁口佔田，這個道理古今是一致的。看來他的思路没有走出井田制這個範圍。

二、議對官吏的考核和升降。第一條「明考試」和第二條「公卿不拘爲郡，二千石不拘爲縣」，他說「以兹舉者，試其事；處斯職者，考其績」。由什麼事被薦舉，就查驗那事是否屬實。任什麼職位，就考察那個職位的成績。他認爲任職大小要看能力，不能同官階大小等同，說：「公卿不爲郡，二千石不爲縣，未是也。」如果身爲公卿就不能降階用爲郡守，身爲郡守就不能降階用爲縣令，是不對的。他說「小能其職，以極登於大，故下位競。大橈其任，以墜於下，故上位慎」，官位低的勝任職務，就升用高職，那麼在下位的就會競相勉勵職務；官位高的亂了職務，就降用低職，那麼在上位的就慎重奉行職務了。

三、議官吏的俸禄。漢代俸禄薄，與荀悦同時代的仲長統或稍前的崔寔都談到，認爲應提高俸禄以防止官吏貪污瀆職。荀悦在第八條「議禄」中也説「夫禄必稱位」，「公禄貶則私利生，私利生則廉者匱而貪者豐也。夫豐貪、生私、匱廉、貶公，是亂也」。認爲官俸必須與官職相稱（指當時俸禄太低），公家的俸錢低了就會起貪私利之心，那麼就造成廉潔者匱乏而貪婪者富有，公俸低、私心生、廉吏貧、貪官富，那就亂了套。但荀悦認爲提高俸禄有個前提，説「民家財愆（愆通衍，富饒），增之宜矣」，因爲「禄依食，食依民，參相澹（俸禄多少要依據糧食豐寡，糧食豐寡要依據百姓貧富，互相依賴滿足）」，而眼下民貧，自然不宜提高俸禄。怎麼辦呢？他説：「必也正貪禄，省閑冗，與時消息，昭惠恤下，損益以度可也。」即一定要整治污吏，裁減閑官，因時所宜設立官職，體恤百姓，審時度勢以調整俸禄。荀悦看到，在當時情況下，僅提出增加俸禄是做不到的。先得整頓官吏制度，要體恤百姓，百姓衣食足了，才能根據情勢解決俸禄問題。在這一點上，他的認識比仲長統、崔寔要清醒。

四、議恢復使用五銖錢。東漢獻帝初董卓作亂，廢除通行已久的五銖錢（銖爲重量單位，二十四銖爲一兩），濫造劣質小錢，遂引起物價騰漲，所以荀悦在第十條「議錢貨」中主張恢復五銖錢。後來曹操恢復使用，而五銖錢自魏明帝起，一直到晉沿用未改。可知荀悦的主張是正確的，五銖錢便於民用，促進經濟發展。

五、議州牧割據。第四條「議州牧」，他説：「今郡縣無常（無常，謂郡縣之職非世襲，時時可罷免），權輕不固，而州牧秉其權重，勢異於古（州牧有統治各郡實權，不像古代諸侯之長不管各諸侯國政事），非所以强榦弱枝也（意思是非所以加强地方行政，治民的本末顛倒了），而無益治民之實。」漢制，地方行政機構基本爲郡、縣二級。州是督察單位，本不治理民政。州牧（州長，亦即刺史）前身是監御史，負責巡查各郡。武帝時置州刺史，始設立州治所，但也只有督察州内各郡之權，俸禄比郡守低得多。成帝時改爲州牧，俸禄從六百石提升到二千石，權力始大。由靈帝延至獻帝，州牧之權擴大到統管一方軍政民事，勢同割據，而原來的郡縣行政機構日益權輕。所以荀悦認爲這是弱化了地方行政，不利於治民。他雖然提出「監察御史斯可也」，認爲設立監察御史比設立州牧好，但取消州牧實際已非獻帝朝廷力所能及。

本書第三篇爲俗嫌，議當時社會上各種嫌忌和求神祈福、迷戀道教養生煉丹的風氣，大致可以歸納爲二類：

一、求神問卦。荀悦認爲，占卜的吉凶在於有「德」與否。他説「德斯益，否斯損」，有德者占卜受益，無德者反而有損。因爲有德的人「吉而濟，凶而救之，謂益」，遇到吉卜吉卦，則自己努力，助成吉事；遇到凶卜凶卦，則自己糾過，制止凶事，所以受益於占卜。無德的人「吉而恃，凶而怠之，謂損」，遇到吉卜吉卦就依賴它，遇到凶卜凶卦就懶於對待，所以占卜反而有損。就是説，占卜的吉凶也有待人事，自己不努力，則吉不會有驗而凶不會制止。他不相信有關時辰、方向等各種忌諱，説「此天地之數也（天地運行的自然之理），非吉凶所生也」。他舉例説：「東方主生，死者不鮮（鮮，少）；西方主殺，生者不寡；南方火也，居之不燋（燋，火傷）；北方水也，蹈之不沈。」又説：「故甲子昧爽，殷滅周興；咸陽之地，秦亡漢隆。」同一個甲子日的黎明，殷商滅而周代興起；同一個咸陽之地，秦建都而亡，漢遷都卻强盛。這同他説的吉凶有待人事（所謂有「德」），觀點一致。這個觀點，從他下面説的也可看到：「人承天地，故動静焉順。順其陰陽（陰陽，這裏指季節變化），順其日辰，順其度數（指日月星運行度數）。内有順實，外有順文（文，指形象）。文、實順，理也，休徵之符自然應也。」人稟受天地之氣而生，所以行事乃順着天地之理，順着季節變化、時間和日月運行的度數來做事。内心順天地之理，外在行爲就有順的表現。内外都順，事情就合理，吉祥之徵兆自然應驗。他説：「苟無其實，徼福於忌，斯成難也（成通誠）。」人没有順天地之理的實心，想求福以避開惡運，那真難了。當然，他相信「天人相應」，所以不否定占卜和上天報應，但强調要盡人事。

二、修煉道術。道教是後漢時産生的宗教信仰團體，有它的教義、科儀和方術。荀悦以儒家的觀點批評道教的養生術和煉丹，二者風行於後漢。他説「養性秉中和（養性，指養生），守之以生而已」，養生不過是秉持中和之道，守之以生存而已。所謂「中和」，就是施行儒家中庸之道以養生，使七情六慾適中，達到血氣和調。所以他說：「故喜怒、哀樂、思慮必得其中，所以養神也。寒暄、虚盈、消息必得其中（衣服、飲食、勞逸要適度），所以養體也。」對於道家養生之術，他認爲是「氣宜宣而遏之（遏，阻止），體宜調而矯之（矯，使反常），神宜平而抑之，必有失和者矣。」道家講究呼吸聚氣，這是「氣宜宣而遏之」；講究屈伸肢體做非自然動作，這是「體宜調而矯之」；講究閉目静心，使意念隔絶外界，這是「神宜平而抑之」，他以爲這些都使氣息、肢體、精神失調，有違中和之道，「可以治疾，皆非養性之聖術也」。道家服食丹藥以求長生，他説：「藥者，療也，所以治疾也。無疾，則勿藥可也。肉不勝食氣（氣同餼），況於藥乎？」藥是治病的，無病不用藥，吃肉還不能多於吃米飯，何況吃藥？又說：「藥之用也，唯適其宜則不爲害。若已氣平也，則必有傷。唯鍼火亦如之。」用藥得當則無害，如果血氣已經平和，再用則必傷害身體。即如用針灸，道理一樣。道家又有所謂「黄白」術，即以藥物化煉丹砂、鉛等爲金銀，荀悦認爲這是不可能的，說：「燔埴爲瓦則可，爍瓦爲銅則不可。以自然驗於不然，詭哉。」可以燒黏土爲瓦，不可熔土爲銅。意思是土和瓦同類，是自然之事；土和銅不同類，是不然之事。以自然之事去證明不然之事，是詐言不實。

孔子說「性相近也，習相遠也」（論語陽貨），認爲人性本來没有什麽不同，之所以有不同，是習染造成的。這實際已經區别了人性的先天自然和後天表現，孔子對人性的表述很能提綱挈領。既然人性「相近」，大家的天性原本都一樣，那麽就無所謂善與惡。自孟子提出人性本善，荀子提出人性本惡，從戰國到漢代，一直延續到唐宋以後，對人性的討論無了無休，有贊成性善説的，有贊成性惡説的，也有説人性善惡相混的，紛紛不一。這些説法的共同前提都是：把人性的後天表現，根據特定的社會倫理判斷爲「善」與「惡」，用來解釋人性的先天自然。也就是説，根據人性的後天表現，來判斷人性的先天自然。荀悦不贊成這些説法，在雜言下篇他先引諸家之説，然後駁斥道：「性善則無四凶，性惡則無三仁。人無善惡（「人」當作「性」），文王之教一也，則無周公、管、蔡。性善情惡，是桀紂無性而堯舜無情也。性善惡皆渾，是上智懷惠（「惠」當作「惡」）而下愚挾善也。」他認爲，如果説人性善，那麽堯舜時代就不會有共工等四個凶人；如果説人性惡，那麼商紂時代就不會有微子等三個仁人；説人性無善惡，那麼同樣是文王的教化，周公和管叔、蔡叔兄弟三人就不會善惡不同；説人性善而人的情感惡，那麼桀紂就没有性，而堯舜就没有情了；説人性是善惡互相混在一起，那麼上智的人就心中懷惡，而下愚的人就心中帶善了。荀悦的批判仍然没有區分人性的先天與後天，因而浮在「善」、「惡」的抽象概念之層面。而且他的駁斥也顯得膚淺，比如孟子主張性本善，荀子主張性本惡，但最終成爲善人或惡人，他們都認爲是有前提的，不等於説堯舜時不會有惡人，而商紂時不會有善人。

針對「性善情惡」論，漢代劉向提出「性情相應，性不獨善，情不獨惡」，認爲人性和人的情感是互相應合的，不是只有性善而情則惡。荀悦同意這個説法，他在雜言下篇説：「好惡者性之取舍也（舍同捨），實見於外，故謂之情，必本乎性矣。」人的愛好和憎惡取決於性，實際表露出來就叫情，就是説情感是人性的外在表現。所以，有人説凡人都是好利的，而能以仁義加以節制，那是性拒絶情，如果性不能拒絶情，任情行事，人就不善。荀悦回答説：「不然。是善惡有多少也，非情也。有人於此，嗜酒嗜肉，肉勝則食焉，酒勝則飲焉。此二者相與争，勝者行矣，非情欲得酒、性欲得肉也。有人於此，好利好義，義勝則義取焉，利勝則利取焉。此二者相與争，勝者行矣，非情欲得利、性欲得義也。其可兼者則兼取之，其不可兼者則隻取重焉（隻，單獨）。若苟隻好而已，雖可兼取（盧文弨校此句下當脱「亦弗之兼」四字）矣。若二好鈞平，無分輕重，則一俯一仰，乍進乍退。」照他的説法，人性中的善與惡孰多孰少，人情就表現出來。人性好義勝過好利，人情就表現爲取義，反之亦然，不是性好義而情好利。比如喝酒和吃肉，喜歡哪樣就做哪樣。如果義、利可以兼取，但性獨好其一，也不會兼取。如果性於二者兼好，而無法兼取，就會取捨猶豫、進退兩難了。

荀悦既然認爲情的善與惡是性中善與惡的外在表現，那麽等於認爲人性中有善也有惡，這同他駁斥「性善惡渾」論有些自相矛盾。但他説「性善惡皆渾，是上智懷惠（「惠」當作「惡」）而下愚挾善也」，意思就是「上智」者性中有善無惡，「下愚」

者性中有惡無善，所以不能一概地説性是善惡相渾的。不過這樣替他「辯解」，還是顯得勉强，因爲「上智」與「下愚」只是兩個極端，同樣不能以二者概括中間的絶大多數人。但荀悦主張「教扶其善，法抑其惡」，認爲通過教化和刑法，絶大多數人都可以從善去惡。雜言下篇有一段答或問：「或曰：『善惡皆性也，則法教何施？』曰：『性雖善，待教而成；性雖惡，待法而消。唯上智下愚不移，其次善惡交争，於是教扶其善，法抑其惡。得施之九品，從教者半，畏刑者四分之三，其不移大數九分之一也。一分之中又有微移者矣。然則法教之於化民也，幾盡之矣。及法教之失也，其爲亂亦如之。』」「九品」是漢書古今人表劃分人善惡愚智的等級，從「上上」到「下下」共九等。荀悦認爲，「九品」中除了「上智」（「上上」）和「下愚」（「下下」）兩類人善、惡不變之外，其他多數人都是性中善惡相争的。通過教與法，有一半人可從教爲善，畏懼刑法而不敢爲惡者又占剩下人的四分之三，最終不可改的人大約只有九分之一。而這九分之一的人，又有稍微有些變化的在其中。所以他説，法與教幾乎可以馴化全民，而法與教如失誤，也幾乎可亂了全民。換句話説，國家的治亂全看「法、教」這個「人事」做得如何。用他在政體篇説的話來總結，就是「故凡政之大經，法、教而已」，成也法、教，敗也法、教。

宋蘇軾曾評論太玄、法言，説「好爲艱深之詞，以文淺易之説，若正言之，則人人知之矣」（東坡全集七十五與謝民師推官書），是説揚雄好用難懂的文辭表達淺近的道理，如果直説出來，則這道理本就人盡皆知的。蘇軾的評論頗得當。本書雜言上、下明顯模仿法言，時事、俗嫌也多處模仿法言。用詞尚不算「艱深」，但卻「生硬」，而且文句中的虛詞，以及對答雙方的「曰」字都往往省略，這會造成文意的含混。宋黄震説申鑒「文亦頗卑弱」（黄氏日鈔五十七），所謂「卑弱」就是指文字表達能力不强。此外，文句不通順以及上下文明顯不連貫之處也不少見，是脱誤和錯簡造成的。所以黄省曾自序説：「若其深詞奥義，譌文脱簡，則竢大方君子覽而正焉。」清錢培名校勘本書，利用羣書治要的引文訂正本書錯誤，其中脱文有多達百餘字的，他説「若無治要一書，則申鑒不可讀矣」，可見今本與原本差異頗大。但治要所引尚不及全書四分之一，唐宋類書等所引更少，大抵不出治要所引，且都有節略。所以儘管有黄省曾的注和清人的校勘成果可利用，本書的整理仍有相當難度。這部校補一定有不能令人滿意的地方，這不僅因受到上述各個客觀情況的制約，也由於校補者學識有限。清人盧文弨校補羣書，有人對他説「他人讀書，受書之益。子讀書，則書受子之益」，據説盧文弨爲此心情不快（見俞樾札迻序）。其實，正如俞樾説「欲使我受書之益，必先使書受我之益」，不明白書的文字沿誤，看不下去，受益於書就有限。我不僅希望讀者受益於此書，也希望此書因讀者而受益，則糾我之失，訂書之訛，俾進一步提高整理質量。

孫啓治　二〇一二年三月

凡例

一、申鑒有宋淳熙九年尤袤刻本，黄氏日鈔嘗引之，此本今不知所在。明正德十四年黄省曾爲之注，有王鏊序，未詳付梓否。今所見黄注本爲明嘉靖四年何孟春所刻，即四部叢刊所收之文始堂本也。其後有明程榮漢魏叢書本（本書簡稱程本）、清四庫全書本、王謨增訂漢魏叢書本（本書簡稱王本）、龍谿精舍叢書本。諸本大同而間有小異，王本則多删汰注文，已非黄注本之舊。

二、本書以文始堂本爲底本，爲此校補。校者，校正文與黄注；補者，補黄注之闕也。其補則以釋正文爲主，非旨在爲黄注作疏。其校則據程本、四庫本、王本、龍谿精舍本，並後漢書荀悦傳、羣書治要等書。又清盧文弨羣書拾補有申鑒校二十餘條（本書稱盧校），錢培名有札記百餘條（附小萬卷樓叢書本申鑒後，本書稱錢校），孫詒讓札迻有校説二條（本書稱孫校），兹亦採入校補。

三、凡底本正文與黄注訛誤，其於諸本或諸書有徵可據，則改而於校補中著明所本，無徵可據者則僅於校補中正之。諸本或諸書間有異文，亦著於校補。

四、黄注引據博洽，兼考訂文字。其闕而不注，雖間存蓋闕之意，然大抵皆當時無須注者。今則去明六百餘年矣，今之讀漢代書，又異乎明人讀之。故凡注解古書，時代愈後而愈繁，此校補之所爲作也。使起黄氏於地下，則必曰：「子何爲是喋喋乎？」唯吾盡吾心，工拙在所不論。

五、底本諸序跋及王本之王謨識，並四庫全書總目提要統附於後，題曰「序跋提要」，是爲附録一。前人引申鑒者，不過片言隻字，於其書多不加議論。唯宋黄震黄氏日鈔有論申鑒一則，元胡三省資治通鑑注亦論及申鑒，又明方孝孺遜志齋集有讀荀悦申鑒一則。茲以此三則附後，題曰「評論三則」，是爲附録二。後漢書有荀悦傳，附見荀淑傳，今節抄悦行狀之文，略施注而附後，是爲附録三。

六、錢氏校申鑒，多據治要補改，其於雜言上補奪文，至有一處而達百七十餘字者，甚而云「若無治要一書，則申鑒不可讀矣」，知今本殊非原書舊貌，而治要所引尚不及全書四之一也。著者學殖薄淺，其校其補不得黄氏正之，是有待今賢與後來者。

政體第一

夫道之本，仁義而已矣〔一〕。五典以經之，羣籍以緯之，詠之歌之，弦之舞之〔二〕。前鑒既明，後復申之〔三〕。故古之聖王，其於仁義也，申重而已〔四〕。篤序無彊，謂之「申鑒」〔五〕。

〔一〕錢校：羣書治要「本」上有「大」字。後漢書本傳無。校補：治要無「矣」字。

〔二〕校補：治要無「詠之歌之，弦之舞之」二句。五典即五經。白虎通五經：「五經何謂？謂易、尚書、詩、禮、春秋也。」「五典」四句，六「之」字並承上文指「仁義」言。經、緯皆動字，「五典以經之，羣籍以緯之」，倒言之即「經之以五典，緯之以羣籍」，謂以五典爲仁義之經，羣籍爲仁義之緯。凡爲布帛，織機之縱絲爲經，横絲爲緯，見説文。織先施以縱絲，定幅之廣狹，復施以横絲，經緯交錯以成織，故以經喻綱要，而緯爲輔翼也。「詠之歌之，弦之舞之」，謂詠歌蹈舞以稱頌仁義。

〔三〕校補：本傳「鑒」作「監」，通志一百一下引同。按監即「鑑」之初文，鑒爲「鑑」之別體。「前鑒既明，後復申之」，謂仁義之道，於前人往事可資借鑒者既明，後人乃復申述不忘。

〔四〕校補：治要「而已」作「無已」。「申重」，重讀直容切，謂反復申述仁義之前鑒。

〔五〕校補：治要「序」作「厚」。又程本、四庫本、治要「彊」並作「疆」。按彊借爲疆。無疆，猶言無止、不已。呂氏春秋孝行「朋友不篤」，高誘注：「篤，信也。」篤謂誠信。序同敘，國語晉語三韋昭注：「敘，述也。」「故古之聖王」五句，謂古之聖王，其於仁義再三申告而已。誠實申述之無止，故謂之「申鑒」。按此段爲悦闡明申鑒之所以作也。

聖漢統天，惟宗時亮，其功格宇宙〔一〕。粤有虎臣亂政〔二〕，時亦惟荒圮湮〔三〕，茲洪軌儀〔四〕。鑒于三代之典〔五〕，王允迪厥德〔六〕，功業有尚〔七〕。天道在爾，惟帝茂止〔八〕，陟降膚止〔九〕，萬國康止〔一〇〕。允出茲，斯行遠矣〔一一〕。

〔一〕校補：易乾：「彖曰：大哉乾元，萬物資始，乃統天。」孔穎達疏：「乃統天者，以其至健而爲物始，以此乃能統領於天。天是有形之物，以其至健，能總統有形。」後稱天子治天下爲「統天」。後漢書寇榮傳「陛下統天理物」，三國志蜀書後主傳「蓋統天載物」，晉書慕容儁傳「太子有統天之重」，「統天」皆謂治天下。詩大雅公劉「君之宗之」，鄭玄箋：「宗，尊也。」爾雅釋詁：「時，是也。」又：「亮，信也。」舜典「惟時亮天功」，僞孔傳：「唯是乃能信立天下之功。」「時亮」即「時亮天功」之省言。禮記月令「風暴來格」，鄭玄注：「格，至也。」淮南子原道訓「紘宇宙而章三光」，高誘注：「四方上下曰宇，古往今來曰宙，以喻天地。」以上三句，謂漢統天下，惟尊尚信實興立天下之事功，其功業之大，達於天地古今。

〔二〕黄注：虎臣，漢興輔弼之臣，所與共成天功者。亂，治也。治亂謂之亂，猶治汙謂之汙也。書泰誓曰：「予有亂臣十人。」校補：詩大雅常武：「進厥虎臣，闞如虓虎（按虎嘯曰虓）。」孔穎達疏：「即進而前其虎臣之將，闞然如虓怒之虎。」虎臣謂勇猛之將。按上文云「聖漢統天」，指光武中興漢室。此「虎臣」實指佐光武中興之鄧禹等雲臺二十八將。

〔三〕黄注：治荒曰荒。校補：説文土部：「圮，毁也。」又水部：「湮，没也。」謂時亦惟整治兵戈後之圮壞湮没。

〔四〕校補：經傳釋詞：「兹者，承上起下之詞。」按兹猶乃。爾雅釋詁：「洪，大也。」淮南子原道「是故聖人一度循軌」，高誘注：「軌，法也。」國語周語下「度之于軌儀」，韋昭注：「儀，法也。」「軌儀」複語，謂法度、規制。「兹洪軌儀」，謂乃大立國之禮法制度。

〔五〕校補：程本、四庫本「鑒」作「監」。

〔六〕黄注：迪，蹈也。校補：書臯陶謨「允迪厥德」，僞孔傳：「迪，蹈。厥，其也。其，古人也。言人君當信蹈行古人之德。」按此「允迪厥德」承上「鑒于三代之典」言，謂王借鑑於三代之典範，信實履行三代之德。

〔七〕校補：「有」爲語助詞，例見經傳釋詞。此倒言之，言崇尚功業。

〔八〕黄注：古茂、楙通用，勉也。校補：爾雅釋詁：「茂，勉也。」「茂」古或作「楙」，與懋通，故有勉訓。小爾雅廣詁：「爾，汝也。」「止」爲語助，無實意，見經傳釋詞。下二「止」字同。二句謂天道在汝天子，惟當勉之也。

〔九〕校補：「陟降膚止」，謂上天默佑汝天子而扶持之。漢書匡衡傳載衡説詩周頌閔予小子曰：「其詩曰：『念我皇祖，陟降廷止。』言成王常思祖考之業，而鬼神祐助其治也。」顔師古注：「言成王常念文王、武王之德，奉而行之，故鬼神上下臨其朝廷。」又郊祀志五下載博士師丹等説詩周頌敬之曰：「詩曰『毋曰高高在上，陟降厥士，日監在兹』，言天之日監王者之處也。」顔師古注：「陟，升也。士，事也。言無謂天之高而又高遠在上，而不加敬。天乃上下升降，日日監觀於此，視人之所爲者耳。」是漢人説詩「陟降」謂天之臨視、默佑。説詳朱熹楚辭辯證、馬瑞辰毛詩傳箋通釋。膚，借爲扶，古音並隸魚部脣音字。玉篇手部：「扶，持也。公羊傳『扶寸而合』。」今公羊傳僖公三十一年「扶」作「膚」。

〔一〇〕校補：爾雅釋詁：「康，安也。」又：「康，樂也。」

〔一一〕校補：二句謂天子誠由此行之，則能行之廣遠矣。左傳襄公二十一年引夏書曰「允出茲，在茲」，杜預注：「允，信也。信出於此，則善亦在此。」經傳釋詞：「斯，猶則也。」

立天之道曰陰與陽，立地之道曰柔與剛，立人之道曰仁與義〔一〕。陰陽以統其精氣〔二〕，剛柔以品其羣形〔三〕，仁義以經其事業，是爲道也〔四〕。故凡政之大經，法、教而已〔五〕。教者，陽之化也〔六〕；法者，陰之符也〔七〕。仁也者，慈此者也；義也者，宜此者也；禮也者，履此者也；信也者，守此者也；智也者，知此者也〔八〕。是故好惡以章之，喜怒以涖之，哀樂以恤之〔九〕。若乃二端不愆〔一〇〕，五德不離〔一一〕，六節不悖〔一二〕，則三才允序，五事交備〔一三〕，百工惟釐，庶績咸熙〔一四〕。

〔一〕黄注：此引易繫辭文，以見人道惟在仁義，爲政者當申重之也。校補：按此爲説卦文。立，成就。廣雅釋詁：「立，成也。」論語爲政「三十而立」，集解：「有所成也。」「立天之道曰陰與陽」，謂成就天之道爲陰與陽。下二句解仿此。

〔二〕黄注：所謂在天成象。校補：易繫辭上「精氣爲物」，孔穎達疏：「云『精氣爲物』者，謂陰陽精靈之氣，氤氳積聚而爲萬物也。」按「陰陽以統其精氣」，即以陰陽統其精氣，「其」指天言。

〔三〕黄注：所謂在地成形。校補：慧琳一切經音義二十七注：「品，類别也。」「其」指地言。剛者陽，柔者陰。萬物稟陰陽之氣而生，成形於地，有剛柔之别，故曰以剛柔品别地之羣物。

〔四〕黄注：此三才之道所以立也。校補：「經其事業」，「其」指人言，謂以仁義經營人之事業。

〔五〕校補：左傳昭公十五年：「禮，王之大經也。」孔穎達疏引服虔曰：「經，常也，常所當行。」大經，常道。

〔六〕黄注：教者，德禮之謂。

〔七〕黄注：法者，政刑之謂。校補：德教乃順陽氣之化育，故曰「陽之化」。刑法乃應陰氣之肅殺，故曰「陰之符」。

〔八〕校補：五「此」字，並承上文指教、法言。謂仁者，以慈愛行此教、法之謂；義者，爲此教、法得宜之謂；禮者，履行此教、法之謂；信者，遵守此教、法之謂；智者，知此教、法之方之謂。

〔九〕校補：三「之」字亦承上教、法言。章同彰。善則好之而施教，不善則惡之而施法，好善而惡不善者，所以表彰教、法之用，故曰「好惡以章之」。左傳昭公六年「涖之以彊」，杜預注：「施之於事爲涖。」孔穎達疏：「涖，謂有所施爲。」涖即施行之謂。行教則喜，施法則怒，故曰「喜怒以涖之」。戰國策秦策五高誘注：「恤，顧。」「哀樂以恤之」，謂以哀樂之情顧念教、法。蓋念及用教化，固以施教爲樂矣；念及用刑法，則以施法爲哀也。

〔一〇〕黄注：二端者，教與法也。校補：「不愆」即無過失。説文心部：「愆，過也。」本義爲過越，引申爲過失。

〔一一〕黄注：五德者，仁義禮智信也。

〔一二〕黄注：六節者，好惡喜怒哀樂也。校補：戰國策秦策三鮑彪注：「節，事也。」淮南子繆稱：「心治則百節皆安。」節謂事項，「六節」承上好惡喜怒哀樂六事言。

〔一三〕黄注：洪範：「次二曰敬用五事，一曰貌，二曰言，三曰視，四曰聽，五曰思。」恭、從、明、聰、睿，所謂交備也。校補：注「四曰聽」，「聽」原誤「聰」，據程本、四庫本、龍谿精舍本改，與書洪範合。孝經三才邢昺疏：「天地謂之二儀，兼人謂之三才。」説文儿部：「允，信也。」此「允」爲副詞，猶言誠然。序同叙。爾雅釋詁：「順，叙也。」是叙亦順也。國語周語中「周旋序順」，序亦謂順。又按黄注「五事」句所云「恭、從、明、聰、睿」者，亦見書洪範，云「貌曰恭，言曰從（僞孔傳：是則可從），視曰明，聽曰聰，思曰睿」，指人主修身所敬之五事。書禹貢「庶土交正」，僞孔傳：「交，俱也。」「交備」言俱備。

〔一四〕黄注：堯典曰「允釐百工，庶績咸熙」，注曰：「工，官。釐，治。庶，衆。績，功。咸，皆。熙，廣也。」

天作道，皇作極〔一〕，臣作輔，民作基〔二〕，制度以綱之，事業以紀之〔三〕。惟先哲王之政〔四〕，一曰承天，二曰正身，三曰任賢，四曰恤民，五曰明制，六曰立業。承天惟允，正身惟常〔五〕，任賢惟固，恤民惟勤，明制惟典，立業惟敦〔六〕，是謂政體也〔七〕。

〔一〕黄注：洪範「次五曰建用皇極」，又曰「惟皇作極」。極，中也。校補：書洪範云「次五曰建用皇極」，僞孔傳：「皇，大。極，中也。凡立事當用大中之道。」又曰「皇建其有極」，僞孔傳：「大立其有中。」又曰「惟皇作極」，僞孔傳：「惟天下皆大爲中正。」是皆訓皇爲大。然此文「皇」與「天」、「臣」、「民」並列，則皇不當訓大。皇謂王也。「皇作極」，「極」猶書君奭「作汝民極」、周禮天官冢宰「以爲民極」之「極」。極訓中，引申爲極則、準則。作，讀如書舜典「伯禹作司空」之「作」。爾雅釋言：「作，爲也。」上下四「作」字並訓「爲」。「皇作極」，猶言君爲民之準則。

〔二〕黄注：輔，助也，弼也。基，址也。謂臣工協棐，民心鞏固也。校補：言臣爲輔佐，民爲根基。

〔三〕錢校：原脱此（「制度以綱之，事業以紀之」）二句，據治要補。校補：按錢補是，今從之。「綱之」、「紀之」，綱、紀互文（禮記禮運孔穎達疏：「紀，綱紀也。」）。「之」指上文天、皇、臣、民四者言，謂四者以制度、事業爲綱紀。下文接云先王之政「一曰承天」，承上「天作道」言；「二曰正身」，承上「皇作極」言；「三曰任賢」，承上「臣作輔」言；「四曰恤民」，承上「民作基」言；「五曰明制」，即承此「制度以綱之」言；「六曰立業」，即承此「事業以紀之」言。上下文相關應，故知有此二句是也。

〔四〕黄注：古哲、喆通用。賓戲曰「聖喆之治」。校補：「惟先喆」，治要作一「先」字。

〔五〕校補：「承天惟允」，説文儿部：「允，信也。」謂承奉天命當誠信。「正身惟常」，謂修身當有恒。上文曰「皇作極」，「作極」即正身。詩魯頌閟宫鄭玄箋：「常，守也。」常謂執守不移。治要「常」作「恒」。按漢人避文帝諱，字改作「常」。治要成書初唐，故復爲「恒」。後唐穆宗、宋真宗並諱「恒」，故經傳字又多改爲「常」。所謂久假不歸，後人慣用「常」而鮮用「恒」，並經傳亦多改爲「常」，「常」本是今「裳」字也。

〔六〕校補：周禮天官大宰鄭玄注：「典，常也，經也，灋也。」「明制惟典」，謂使制度宣明，惟當合於正道常法。爾雅釋詁：「敦，勉也。」

〔七〕校補：體謂大體、綱要。後漢書孔融傳「至於國體」，李賢注：「體，謂爲國之大體也。」

致治之術〔一〕，先屏四患，乃崇五政。一曰僞，二曰私，三曰放〔二〕，四曰奢。僞亂俗，私壞法，放越軌，奢敗制。四者不除，則政末由行矣〔三〕。俗亂則道荒，雖天地不得保其性矣〔四〕；法壞則世傾，雖人主不得守其度矣；軌越則禮亡，雖聖人不得全其道矣〔五〕；制敗則欲肆，雖四表不能充其求矣〔六〕。是謂四患〔七〕。興農桑以養其生〔八〕，審好惡以正其俗〔九〕，宣文教以章其化，立武備以秉其威〔一〇〕，明賞罰以統其法〔一一〕，是謂五政。

〔一〕黄注：按漢書（「治」）作「政」字。校補：按凡注云「漢書」作某，並謂後漢書。後漢書「治」作「政」者，乃唐人避諱所改。仲長統傳引昌言理亂篇「政亂從此周復」，資治通鑑六十五引「政」作「治」，亦其例。下文「而成王治」，後漢書「治」作「化」，亦避唐諱。又按唐人避諱，始開缺筆之例，故典籍文字可少所更易，此實爲後世避諱立一良法。然遵之不嚴，如避高宗諱，「治」改爲「理」，爲「化」，此常例；又改爲「政」，爲「持」，此變例也。參陳垣史諱舉例。

〔二〕校補：文選與山巨源絶交書「重增其放」，李善注：「放，謂放蕩。」

〔三〕錢校：治要「末」作「無」。黄注：按漢書「矣」下有「夫」字。校補：按有「夫」字則當屬下讀。

〔四〕黄注：所謂「天生烝民，其命匪諶，靡不有初，鮮克有終」者也。校補：廣雅釋詁：「性，質也。」春秋繁露深察名號：「性者，質也。」謂俗亂則道亦荒失，道荒失則雖天地亦不能保道之本常也。「其」承上句「道」言。下文「法壞則世傾，雖人主不得守其度矣；軌越則禮亡，雖聖人不得全其道矣；制敗則欲肆，雖四表不能充其求矣」，三「其」字分別指「世」、「禮」、「欲」言，上下文例一貫。黄注引詩大雅蕩「天生烝民，其命匪諶」云云，彼詩謂王者教民無方，致使民不能終其善而從惡，引之以解此文，似未是。

〔五〕錢校：治要「道」作「行」。校補：荀子議兵「無道吾所疑」，楊倞注：「道，行也。」

〔六〕校補：後漢書本傳「能」作「得」，通志一百一下引同，與上文一律。以上六句，謂法敗壞則世傾亂，雖人主不能守護世之法度；民越軌違制則禮墜亡，雖聖人不能保全禮之施行；制度敗則人欲肆縱，雖四海不能滿足人欲之求也。周禮天官大府「充府庫」，鄭玄注：「充，猶足也。」

〔七〕黄注：此僞、私、放、奢所以爲患而當先屏也。按當時如董卓鳴鐘鼓如洛，以逐君側之惡爲名，而實有異志。後則劫帝長安，欲事成雄據天下，僞莫有甚焉者。卓以嚴刑脅衆，睚眦之隙必報，故當時法令苛刻，愛憎淫刑，更相被誣冤死，私莫有甚焉者。卓至西京，乘青蓋金華車，爪畫兩轓，放莫有甚焉者。卓築郿塢高與長安城埒，積穀爲三十年，儲珠玉錦綺奇玩雜物，皆山崇阜積，奢莫有甚焉者。繼而傕、汜擅政，曹操柄國，率由一軌，海内成風。故悦以爲言。校補：注「鳴鐘鼓如洛」，程本、四庫本「鐘」作「鍾」。按鐘爲樂器，鍾爲酒器，二字古亦相通。

〔八〕黄注：按（「生」）漢書作「性」字。校補：易觀九五「觀我生」，集解引虞翻曰：「生，謂生民。」此「其」字於文無所承，按此謂國之「五政」，則「其」字當指國言，謂興農桑以養國之民。下文四「其」均指國言。

〔九〕校補：呂氏春秋順民「故凡舉事，必先審民心」，高誘注：「審，定也。」「審好惡」，謂審定民所當好、所當惡。民之好惡有定，則國之風俗得正。

〔一〇〕校補：章同彰。爾雅釋詁：「秉，執也。」秉其威，謂掌國之威勢。

〔一一〕校補：賞罰不明，則法無定準，故明賞罰，使國法統於一。

民不畏死，不可懼以罪〔一〕；民不樂生，不可勸以善〔二〕。雖使卨布五教〔三〕，咎繇作士〔四〕，政不行焉〔五〕。故在上者先豐民財以定其志，帝耕籍田，后桑蠶宮〔六〕，國無遊民，野無荒業，財不虛用〔七〕，力不妄加，以周民事〔八〕，是謂養生〔九〕。

〔一〕黄注：老子曰：「民不畏死，柰何以死懼之。」

〔二〕錢校：「勸」字與上「懼」字相對。原譌作「觀」，據治要改，與本傳合。校補：按錢校是，資治通鑑六十四、通志一百一下引亦作「勸」，今據改。

〔三〕校補：本傳「卨」作「契」，通志一百一下引同。按人名之「契」，古或作「卨」。廣韻入聲十七薛：「卨，殷祖也，或作偰，亦作契。」契爲舜之司徒官，掌教化。尚書舜典：「帝曰：契，百姓不親，五品不遜（僞孔傳：五品謂五常。遜，順也），汝作司徒，敬敷五教，在寬（僞孔傳：布五常之教，務在寬）。」

〔四〕校補：本傳「咎繇」作「皐陶」，通志一百一下引同。廣韻平聲六豪：「咎，皐陶，舜臣，古作咎繇。」皐陶爲舜之理官，主治獄。尚書舜典：「帝曰皐陶，蠻夷猾夏（僞孔傳：猾，亂也。夏，華夏），寇賊姦宄（僞孔傳：賊在外曰姦，在内曰宄），汝作士（僞孔傳：士，理官也）。」

〔五〕黄注：無死之畏，法何由施？無生之樂，教何由立？

〔六〕黄注：月令：「孟春之月，乃擇元辰，天子親載耒耜，措之于參保介之御間，帥三公、九卿、諸侯、大夫躬耕帝籍。天子三推，三公五推，卿、諸侯九推。」又：「季春之日，后妃齋戒，親東鄉躬桑。」祭義曰：「天子爲籍千畝，冕而朱紘，躬秉耒；諸侯爲籍百畝，冕而青紘，躬秉耒，以事天地、山川、社稷、先古。以爲醴酪齊盛於是乎取之，敬之至也。」又：「古者天子、諸侯必有公桑蠶室，近川而爲之，築宫仞有三尺，棘牆而外閉之。及大昕之朝，君皮弁素積，卜三宫之夫人、世婦之吉者，使入蠶於室蠶，奉種浴于川，桑于公桑，風戾以食之。」至漢文帝，常詔開籍田，而漢制皇后亦帥公卿諸侯夫人蠶。此所謂「興農桑」也。校補：注「措之于參保介之御間」，阮元校勘記謂段玉裁校依禮記正義本乙「之御」作「御之」。按孔穎達疏：「『措之於參保介御之間』者，措，置也；保介，車右也；御者，御車之人。車右及御人皆是王參乘。於時天子在左，御者在中，車右在右。言置此耒器於參乘保介及御者之間。」此段改所本。唯據鄭玄注云「保介，車右也。置耒於車右與御者之間」，是解「保介之御間」爲「車右與御者之間」，乃釋「之御」之「之」爲「與」也。按古書「之」用同「與」，例多不勝枚舉，參經傳釋詞。段乙改「之御」爲「御之」未必是，今不據改。「先豐民財以定其志」，孟子梁惠王上所謂「民無恒産，因無恒心」也。民衣食足，而後心志始安定。「籍田」，官家徵用民力耕種之田。史記孝文本紀「農，天下之本，其開籍田，朕親率耕」，集解引韋昭曰：「籍，借也，借民力以治之。」「桑蠶宫」，桑爲動字，飼蠶也。

〔七〕黄注：按(「虚」)漢書作「賈」字。校補：字作「賈」，義未詳。後漢書本傳李賢注：「言自足也。」則似讀「賈」爲假借之「假」，古音皆屬魚部見紐字。

〔八〕校補：楚辭離騷「雖不周於今之人兮」，王逸注：「周，合也。」「以周民事」，謂合民事之所宜也。本書時事篇「即周時務」，周亦謂適合。民事，指農桑。

〔九〕黄注：此政之當崇者一也。

君子之所以動天地，應神明，正萬物，而成王治者〔一〕，必本乎真實而已〔二〕。故在上者審則儀道，以定好惡〔三〕。善惡要於功罪〔四〕，毀譽效於準驗〔五〕，聽言責事，舉名察實〔六〕，無或詐僞以蕩衆心〔七〕。故事無不覈〔八〕，物無不切〔九〕，善無不顯〔一〇〕，惡無不彰〔一一〕，俗無姦怪，民無淫風〔一二〕。百姓上下睹利害之存乎己也，故肅恭其心，慎脩其行，内不忒惑〔一三〕，外無異望〔一四〕，有罪惡者無徼倖〔一五〕，無罪過者不憂懼〔一六〕，請謁無所聽〔一七〕，財賂無所用，則民志平矣〔一八〕。是謂正俗〔一九〕。

〔一〕黄注：按（「治」）漢書作「化」字。校補：動，感動。淮南子説山「同氣相動」，高誘注：「動，感。」「應神明」，謂使神明應人而降祥瑞。

〔二〕錢校：本傳作「必乎真定而已」。「定」疑「實」之譌。校補：按「實」或作「寔」，遂誤爲「定」。

〔三〕黄注：按漢書作「審定好醜焉」。校補：在上者孰所當好，孰所當惡，皆依於法則、道理以決之。當審度法則，準據道理，以定好惡，故曰「審則儀道，以定好惡」。國語周語下曰「儀之于民，而度之于羣生」，又曰「不度民神之義，不儀生物之則」，韋昭注並云：「儀，準也。」按「儀」與「度」並舉，是儀亦度也，準也。

〔四〕黄注：（「於」）一作「乎」。校補：要，察核也。書多方「要囚」，僞孔傳：「要察囚情。」周禮秋官鄉士賈公彥疏：「要，劾實也。」凡善惡必察核其功罪而定，故曰「善惡要於功罪」。

〔五〕校補：治要「效」作「放」。按放、仿古通用，依也，義亦通。楚辭九章懷沙王逸注：「效，猶覈也。」效謂考核，與上句「要」互文。準驗，謂事之驗證準信者。凡所稱譽、詆毀，必考其已驗實之事，故曰「毀譽效於準驗」。

〔六〕黄注：功罪準驗事實之謂也。校補：説文貝部：「責，求也。」謂聽其言，則責求其事與所言相當否；稱其名，則察驗其實與所名相符否。

〔七〕錢校：本傳「或」作「惑」。治要（「無或詐僞」）作「無或詐僞淫巧」。校補：資治通鑑六十四引亦作「無或詐僞以蕩衆心」。經傳釋詞：「或，猶有也。」胡三省注云：「蕩，謂動之也。以詐僞動之，則人之心亦必動於詐僞以應其上。」

〔八〕錢校：治要「覈」作「核」，通。

〔九〕黄注：按（「切」）漢書作「功」字。校補：治要亦作「功」。按史記老莊申韓列傳「切事情，明是非」，切謂切合、切實。「物」與上句「事」互文，物亦事也。二句猶言事無不稽核切實。作「切」自可通。

〔一〇〕黄注：功得其跡也。

〔一一〕黄注：罪得其情也。錢校：本傳「彰」作「章」，通。

〔一二〕黄注：淫，過無節也。伊訓曰：「敢有殉于貨色，恒于遊畋，時謂淫風。」

〔一三〕黄注：按（「忒」）漢書作「回」字。校補：書洪範釋文引馬融注：「忒，惡也。」字通作「慝」。廣雅釋詁：「回，衺（按衺同邪）也。」忒、回義同。

〔一四〕校補：治要無以上二句。内指心，外指行。異望，非分之念也。

〔一五〕錢校：原作「慮其睹去徼倖」，文不成義，今據治要改。校補：按錢校是，今從改。

〔一六〕錢校：原脱「者」字，據治要補。校補：今從錢校據治要補。又本傳無以上二句。

〔一七〕黄注：（「聽」）一作「行」。校補：治要亦作「行」。戰國策秦策二「魏聽臣矣」，高誘注：「聽，從也。」

〔一八〕校補：謂民心平和。

〔一九〕黄注：此政之當崇者二也。

君子以情用，小人以刑用〔一〕。榮辱者，賞罰之精華也。故禮教榮辱以加君子，化其情也；桎梏鞭扑以加小人，化其形也〔二〕。君子不犯辱，況於刑乎〔三〕？小人不忌刑，況於辱乎〔四〕？若夫中人之倫，則刑禮兼焉〔五〕。教化之廢，推中人而墜於小人之域；教化之行，引中人而納於君子之塗〔六〕。是謂章化〔七〕。

〔一〕黄注：（〔刑〕）俗本誤作「形」。校補：國語周語下云「實用人也」，韋昭注：「用人，猶治人也。」是韋解「用」爲「治」。荀子王霸「故用國者，信立而王」，議兵「故仁人用國日明」，韓非子内儲説上「我死後，子必用鄭」，用皆當訓治。「君子以情用，小人以刑用」，謂治君子以情，治小人以刑。

〔二〕黄注：在手曰梏，在足曰桎。重者鞭以治之，輕者扑以撻之。扑，榎楚也。周禮掌囚：「凡囚者，上罪梏拲而桎，中罪桎梏，下罪梏。」滌狼氏：「誓大夫曰：敢不關鞭五百。」虞典曰：「鞭作官刑，扑作教刑。」校補：注「滌狼氏」，「滌」，四庫本作「條」，與周禮合。按周禮秋官杜子春注云：「條當爲滌器之滌。」「化其形也」原作「治其刑也」，據資治通鑑六十四、通鑑總類九下引改。本傳及通志一百一此句引作「化其刑也」。今按作「化」字是，非唐避諱。作「治」者，當是後人回改之誤。「刑」亦當作「形」。説文匕部：「化，教行也。」按化，變也。變化而從教訓，謂之化。教訓之使變化，亦謂之化。吕氏春秋士容高誘注：「化，教也。」形者，身也。情者，性情也。荀子儒效楊倞注：「情，謂喜怒愛惡，外物所感者也。」本書雜言下亦云：「好惡者，性之取舍也（按舍同捨），實見於外，故謂之情。」君子明理，故治君子以情，所謂「禮教榮辱以加君子，化其情也」者，即曉以禮教榮辱，教之以感其性情也。小人不明理，故治小人以刑，所謂「桎梏鞭扑以加小人，化其形也」者，即以刑施之其身，教之使其身從也。「化其情」、「化其形」，二「其」字分指君子、小人言。若「化其形」作「化其刑」或「治其刑」，則「其」字指何耶？「形」屬小人，非「刑」屬小人也。今本及本傳、治要「形」並作「刑」者，蓋後人見上文有「小人以刑用」，遂改此「形」作「刑」。又上文「小人以刑用」，黄注引一本「刑」作「形」者，又後人翻據下以改上也。

〔三〕黄注：刑不能以逮君子。

〔四〕黄注：辱不足以治小人。

〔五〕校補：説文人部：「倫，輩也。」謂中人之類則兼以刑法、禮教治之。以上二句，本傳無。

〔六〕黄注：塗，路也。

〔七〕黄注：此政之當崇者三也。校補：治要「章」作「彰」。章通彰。章化，彰明教化。

小人之情，緩則驕，驕則恣，恣則急，急則怨，怨則畔〔一〕，危則謀亂〔二〕，安則思欲，非威强無以懲之。故在上者必有武備以戒不虞〔三〕，以遏寇虐〔四〕，安居則寄之内政〔五〕，有事則用之軍旅。是謂秉威〔六〕。

〔一〕錢校：（「恣則急，急則怨，怨則畔」）本傳作「恣則怨，怨則叛」，治要作「急則叛」一句。校補：畔通叛。按本篇後文云「孺子驅雞者，急則驚，緩則滯」，黄注引此文云：「悅之取喻，即其所謂『小人之情，緩則驕，驕則恣；急則怨，怨則畔』爾。」是黄所見本原無中間「恣則急」一句。今按無者是也。蓋言「緩則驕，驕則恣；急則怨，怨則畔」者，以「緩」與「急」對比言之。謂小人之情，緩則生驕矜之心，驕生則恣其所欲；急則生怨恨之意，怨起則叛戾不軌。下文云「危則謀亂」，即承「急則怨，怨則畔」言之，「急」亦「危」也，「畔」即「謀亂」也。云「安則思欲」，即承「緩則驕，驕則恣」言之，「緩」亦「安」也，「恣」即「思欲」也。今本蓋後人不知此文以「緩則」二句與「急則」二句對比，臆添「恣則急」一句，使五句首尾相連一貫，而原文對比之意晦矣。本傳、治要所引亦互異，而文皆不順。賴黄注引之，得以正今本之誤。

〔二〕校補：治要「危」作「叛」。

〔三〕黄注：易曰：「君子以除戎器，戒不虞。」校補：爾雅釋言：「虞，度也。」虞謂料度、料想。詩大雅抑「用戒不虞」，鄭玄箋：「用備不億度而至之事。」不虞謂意外之事。

〔四〕黄注：詩民勞曰：「式遏寇虐。」（「虐」）俗本誤作「虞」。校補：爾雅釋詁：「遏，止也。」淮南子覽冥高誘注：「虐，害也。」

〔五〕黄注：國語：「桓公曰：『國安矣，吾欲從事於諸侯，其可乎？』管子對曰：『未可。君若正卒伍、修甲兵，則大國亦將正卒伍、修甲兵，則難以速得志矣。君有攻伐之器，小國諸侯有守禦之備，則難以速得志矣。君欲速得志於天下諸侯，則事可以隱，令可以寄政。』桓公曰：『爲之若何？』管子曰：『作内政而寄軍令焉。』」韋昭解曰：「内政，國政也。因治政以寄軍令，若有征伐，隣國不知也。」校補：經傳釋詞：「之，猶於也。」謂寓軍於民。

〔六〕黄注：此政之當崇者四也。

賞罰，政之柄也。明賞必罰，審信慎令〔一〕，賞以勸善，罰以懲惡。人主不妄賞，非徒愛其財也，賞妄行則善不勸矣〔二〕。不妄罰，非徒慎其刑也〔三〕，罰妄行則惡不懲矣。賞不勸謂之止善〔四〕，罰不懲謂之縱惡〔五〕。在上者能不止下爲善，不縱下爲惡，則國治矣〔六〕。是謂統法〔七〕。

〔一〕校補：明賞，公賞無私；必罰，罰必信也。墨子尚同中：「故古者聖王之爲刑政賞譽也，甚明察以審信（按以猶而）。」審信，慎而有信也。

〔二〕校補：説文力部：「勸，勉也。」謂妄賞則不能勉勵人爲善。

〔三〕校補：「矜其人」，原作「慎其刑」。黄注云：「漢書作『矜其人』。」錢校云：「（『非徒慎其刑也』)治要作『非徒矜其人也』,本傳同,但無『徒』字。」今按云「不妄罰」,即謂當「慎其刑」。且下文云「罰妄行則惡不懲矣」,正明所以當慎刑之故,則云「不妄罰,非徒慎其刑」,於意不順。今據本傳、治要改。資治通鑑六十四、通志一百一下引亦作「矜其人」。詩小雅鴻雁毛傳:「矜,憐也。」

〔四〕黄注:賞及淫人,則善無所勸,而爲善者止矣。

〔五〕黄注:罰及吉人,則惡無所懲,而爲惡者縱矣。

〔六〕黄注:按(「則國治矣」)漢書作「國法立矣」。

〔七〕黄注:此政之當崇者五也。

四患既蠲〔一〕,五政既立〔二〕,行之以誠,守之以固,簡而不怠,疏而不失〔三〕。無爲爲之,使自施之;無事事之,使自交之〔四〕。不肅而成,不嚴而治〔五〕,垂拱揖遜〔六〕,而海内平矣。是謂爲政之方也〔七〕。

〔一〕校補:廣雅釋詁:「蠲,除也。」

〔二〕黄注:(「既」)漢書作「又」。

〔三〕黄注:老子曰:「天網恢恢,踈而不失。」校補:「簡而不怠」,謂政教簡要而不懈怠;「疏而不失」，謂法禁寬疏而不漏失。

〔四〕黄注：老子曰：「爲無爲，事無事。」錢校：治要「交」作「憂」。校補：按作「憂」亦通。憂通優，説文人部：「優，饒也。」老子五十七章所謂「我無事而民自富」是也。「無爲爲之」、「無事事之」二句互文，即用老子「爲無爲，事無事」之文。此段下文結句曰「是謂爲政之方也」，此「爲之」、「事之」之「之」即指政事。「使自施之」、「使自交之」二句指民言，謂使民自行施爲、交往。「施之」、「交之」之「之」並爲語助，無實意。四句謂爲政無爲、無事，使民自行作爲、來往也。老子五十七章「我無爲而民自化」、「我無事而民自富」，亦此意。所謂「無爲」，非謂都無所爲、無所事，謂順應自然，一切勿人爲干擾也。（此即後來法家一切準法循制、不以喜怒爲用之説所本。）按漢初崇黄老「無爲而治」，順應自然，與民休息。陸賈新語無爲云「夫道莫大於無爲」，又至德云「是以君子之爲治也，塊然若無事（按塊然猶安然），寂然若無聲，官府若無吏（按謂訟事少，官署清閑若無吏），亭落若無民（謂鄉民不聚衆生事，村落若無人）」，此前漢休息無爲之説。悦之言亦此意，唯言之於後漢季世，則徒爲空言耳。

〔五〕錢校：（「不肅而成，不嚴而治」）原作「不肅而治」一句，脱去中間四字，今據治要補，與本傳合。本傳「治」作「化」。校補：按錢補是，今從之。黄注校本傳下句同。本傳「治」作「化」，乃避唐人諱。肅、嚴互文。

〔六〕黄注：按（「遜」）漢書作「讓」字。校補：治要亦作「讓」。後漢書章帝八王傳「垂拱受成」，李賢注：「垂拱，言無爲也。」漢書禮樂志：「揖讓而天下治者，禮樂之謂也。」揖遜同揖讓。「垂拱揖遜」，謂禮教行，無爲而治。

〔七〕校補：本傳、治要均無「也」字。按上下文各段末「是謂」云云各句，句末亦無「也」字。

惟修六則，以立道經〔一〕。一曰中，二曰和，三曰正，四曰公，五曰誠，六曰通。以天道作中，以地道作和，以仁德作正，以事物作公，以身極作誠〔二〕，以變數作通〔三〕。是謂道實。

〔一〕校補：「修」原作闕文，據王本補。吕氏春秋先己「鐘鼓不修」，高誘注：「修，設。」國語周語中韋昭注：「修，備也。」「道經」，道之常則。

〔二〕校補：以上五句及下句「以變數作通」，「作」字並訓爲。書舜典「汝作司徒」，史記五帝本紀作「汝爲司徒」，作即爲也。「以身極作誠」，謂王以身正爲誠。前文云「皇作極」、「正身惟常」，「作極」即「正身」，此「身極」即身正也。

〔三〕黄注：易傳曰：「通其變。」又曰：「變則通。」校補：管子法法：「國無常經，民力必竭，數也。」尹知章注：「數，理也。」呂氏春秋壅塞：「其寡不勝衆，數也。」高誘注：「數，道數也。」變數，謂事之異乎常道、常理者。「以變數作通」，謂以權宜適變作爲通達事務之方。按本書時事篇云「盤庚遷殷，革奢即約，化而裁之，與時消息，衆寡盈虚不常厥道」，又云「與時消息，昭惠恤下，損益以度可也」。所謂「化而裁之，與時消息，衆寡盈虚不常厥道」、「損益以度」，即變數之謂，詳彼篇校補。

惟恤十難，以任賢能〔一〕。一曰不知，二曰不進〔二〕，三曰不任〔三〕，四曰不終〔四〕，五曰以小怨棄大德，六曰以小過黜大功，七曰以小失掩大美〔五〕，八曰以奸訐傷忠正〔六〕，九曰以邪説亂正度〔七〕，十曰以讒嫉廢賢能〔八〕。是謂十難。十難不除，則賢臣不用，用臣不賢〔九〕，則國非其國也。

〔一〕黄注：周禮注：「賢謂有德行者，能謂有道藝者。」校補：説文心部：「恤，憂也。」

〔二〕黄注：有知而不能進者。錢校：治要「進」作「求」。校補：不進，謂不舉賢。治要作「不求」，則謂不求賢。

〔三〕黄注：有進而不能任者。校補：任，委用。

〔四〕黄注：有任而不能終者。校補：謂雖委用之，而半途廢之。

〔五〕錢校：治要「失」作「短」。校補：失、短義同，皆謂過失。

〔六〕錢校：治要「奸」作「干」，通。校補：按程本「姧」作「奸」。原文「姧」乃「姦」之別體。（古音姦、奸、干並元部見紐字，無二讀。「姧」即「姦」，乃加一聲符「干」，而去二「女」字耳。）按干犯、干求字亦作「奸」，奸淫、奸邪字則本作「姦」。作觸犯、求取解，則字作「奸」或「干」，亦假「姦」、「姧」爲之。作邪惡、淫污解，則字作「姦」或「姧」，亦假「奸」爲之，然古書於此義未見有假「干」爲之者。治要「干」字當是「奸」或「姧」之壞字，非因「干」可通「奸」，遂可假作姦邪字也。玉篇言部：「訐，攻人之陰私也。」姧訐，猶言誣謗。王本倒作「訐奸」，誤。

〔七〕校補：玉篇又部：「度，法度也。」正度即正法，謂公法、國法。

〔八〕黄注：賢能所以不進、不任、不終者，不過以小怨、小過、小失、姧訐、邪説、讒嫉數端妨之而已，故歷言之以足十難。

〔九〕錢校：治要作「賢臣不用」，與上句複，恐非。校補：按上句「則賢臣不用」，承上「十難不除」言。下句複言「賢臣不用」，則起下「則國非其國也」言，治要文亦可通。

惟察九風〔一〕，以定國常〔二〕。一曰治，二曰衰，三曰弱，四曰乖，五曰亂，六曰荒，七曰叛，八曰危，九曰亡。君臣親而有禮，百僚和而不同〔三〕，讓而不争，勤而不怨，無事惟職是司〔四〕，此治國之風也〔五〕。禮俗不一〔六〕，位職不重〔七〕，小臣讒嫉〔八〕，庶人作議〔九〕，此衰國之風也。君好讓〔一〇〕，臣好逸，士好遊，民好流〔一一〕，此弱國之風也。君臣爭明〔一二〕，朝廷爭功，士大夫爭名，庶人爭利，此乖國之風也〔一三〕。上多欲，下多端，法不定，政多門〔一四〕，此亂國之風也。以侈爲博，以伉爲高，以濫爲通〔一五〕，遵禮謂之劬，守法謂之固〔一六〕，此荒國之風也〔一七〕。以苛爲密〔一八〕，以利爲公〔一九〕，以割下爲能〔二〇〕，以附上爲忠，此叛國之風也。上下相疏，内外相蒙〔二一〕，小臣爭寵，大臣爭權〔二二〕，此危國之風也。上不訪，下不諫〔二三〕，婦言用〔二四〕，私政行〔二五〕，此亡國之風也。故上必察乎國風也。

〔一〕錢校：治要「察」作「審」。校補：吕氏春秋音初高誘注：「風，俗。」

〔二〕校補：常，法也。國語越語下「無忘國常」，韋昭注：「常，舊法。」

〔三〕黃注：僚，官也。書臯陶謨曰：「百僚師師。」校補：論語子路「君子和而不同」，集解：「君子心和，然其所見各異，故曰不同。」

〔四〕黃注：皆言百僚。校補：無事，言無事他事。謂唯各司其職，不生事端也。

〔五〕黄注：如唐、虞、三代盛時，所謂治國之風。

〔六〕黄注：教化不治，不能大同。校補：注「不治」，程本、四庫本作「不洽」。

〔七〕錢校：治要「位職」倒。校補：重讀去聲。漢書陳勝傳顔師古注：「重，謂尊重也。」不重，無威重。

〔八〕錢校：治要作「小臣咨度」。

〔九〕黄注：論語曰：「天下有道，則庶人不議。」校補：注引論語見季氏篇，集解引孔安國云：「無所非議也。」邢昺疏：「議，謂謗訕。」文選兩都賦序李善注：「作，興也。」「作議」，興起非議。

〔一〇〕黄注：（「讓」）一作「嫌」。錢校：治要作「謙」。校補：此言弱國之風，則「讓」當謂屈讓、忍讓，不作責讓解。治要作「謙」，與「讓」義相類。黄注引一本作「嫌」，嫌謂猜嫌，於義未洽。

〔一一〕黄注：萬民離散，不安其居，如水之流也。校補：上句「士好遊」，遊謂遊樂放蕩。

〔一二〕錢校：「明」，原作「名」，與下「士大夫争名」句複，今據治要改。校補：按錢改是，今從之。四庫本、王本亦作「明」。争明，猶言争智。

〔一三〕校補：史記天官書：「三能色齊（按三能，三台六星），君臣和；不齊，爲乖戾。」乖即乖戾，謂牴牾不和。上文云「君臣争明，朝廷争功，士大夫争名，庶人争利」，是上下相争不和，故曰「乖國」。

〔一四〕黄注：不統于一。校補：上多欲，故「法不定」；下多端，故「政多門」。注「不統于一」，原脱「一」字，據程本、四庫本、龍谿精舍本補。

〔一五〕校補：侈泰近博富，而非博，以其逾制也。伉同抗，抗逆近高剛，而非高，以其矯情也。濫漫近通達，而非通，以其失度也。

〔一六〕黄注：以遵禮者爲勞苦，以守法者爲執滯。校補：所以「以侈爲博，以伉爲高，以濫爲通」者，正緣不屑遵禮守法也。

〔一七〕校補：書五子之歌僞孔傳：「迷亂曰荒。」

〔一八〕黄注：苛，謂法令煩細。校補：治要「密」作「察」。周禮考工記廬人鄭玄注：「密，審也。」密謂審密、周密。

〔一九〕校補：謂謀私利而視爲公事。

〔二〇〕校補：説文刀部：「割，剥也。」

〔二一〕黄注：互相欺蔽。錢校：治要「蒙」作「疑」。校補：「上下」，指君與臣。「内外」，指朝廷與百姓。

〔三〕黄注：當時如進、讓相謀，汜、傕相鬬，皆争權之類。

〔三〕黄注：君無咨詢，臣無納忠。錢校：治要作「上不訪下，下不諫上」，優。校補：按云「上不訪」，則不詢下之義自明；云「下不諫」，則不諫上之義自明。似不必以治要文爲優。説文言部：「汎謀曰訪。」汎謀，廣詢於人也。

〔四〕黄注：政由房闥。

〔五〕校補：意林五「私」作「内」，義同，並指後宫。

惟慎庶獄，以昭人情〔一〕。天地之大德曰生〔二〕，萬物之大極曰死〔三〕。死者不可以生，刑者不可以復〔四〕。故先王之刑也，官師以成之〔五〕，棘槐以斷之〔六〕，情訊以寬之〔七〕，朝、市以共之〔八〕，矜哀以恤之〔九〕，刑斯斷，樂不舉〔一〇〕，刑哉刑哉，其慎矣夫。

〔一〕校補：爾雅釋言：「庶，衆也。」國語周語中韋昭注：「獄，訟也。」人情即民情，唐諱避「民」字。凡斷獄當審慎，無罪則免，有罪則罰，冤屈則洗雪，姦凶必懲處，則民情得以剖白，故曰「以昭人情」。

〔二〕黄注：易繫辭文。

〔三〕黄注：洪範：「六極，一曰凶短折。」校補：書洪範孔穎達疏：「六極，謂窮極惡事有六。」極，謂凶惡至極之事。凶、短、折指傷死夭折，爲「六極」之首，故曰「大極」。

〔四〕黄注：漢文帝十三年，齊大倉令淳于公有罪當刑，其少女緹縈上書，謂死者不可復生，刑者不可復屬，雖欲改過自新，其道無繇也。校補：注「淳于公」，「于」原誤作「寸」，據程本、四庫本、王本、龍谿精舍本改。按刑，指殘傷肢體之肉刑，如斬足、割鼻是，故曰「刑者不可以復」。

〔五〕黄注：周禮鄉士、遂士、縣士、方士各職，聽于朝，司寇聽之，斷其獄，弊其訟于朝。羣士司刑皆在，各麗其法以議獄訟。獄訟成，士師受中。所謂「官師以成之」也。校補：國語楚語上「位寧有官師之典」，韋昭注：「師，長也。」官師，吏之長。又晉語四韋注：「成，定也。」「官師以成之」，謂由官吏之長裁定獄案。黄注引周禮秋官鄉士諸職，謂鄉、遂等地方之吏以獄案呈報於朝，由司寇審而裁斷，其各治刑之有司皆以所掌之法參議之，及獄案已斷，乃由職掌刑獄之士師受理案卷，此即「官師以成之」之謂也。「成之」，「之」承上句「先王之刑」言，指刑罰。下四句「之」字同。

〔六〕黄注：周禮：「朝士掌建邦外朝之法，左九棘，孤卿大夫位焉，羣士在其後。右九棘，公侯伯子男位焉，羣吏在其後。面三槐，三公位焉，州長衆庶在其後。左嘉石，平罷民焉。右肺石，達窮民焉。」又王制曰：「成獄辭，史以獄成告于正，正聽之。正以獄成告于大司寇，大司寇聽之棘木之下。大司寇以獄之成告于王，王命三公參聽之。三公以獄之成告于王，王三宥，然後制刑。」所謂「棘槐以斷之」，謂由公卿共議斷案。校補：「棘槐以斷之」，即黄注引秋官朝士職，所謂「左九棘，孤卿大夫位焉，羣士在其後；右九棘，公侯伯子男位焉，羣吏在其後；面三槐，三公位焉，州長衆庶在其後（謂共議斷案時，九卿等分立於左右樹棘木之處，羣僚隨其後；三公面向槐木而立，州長隨其後）」是也。

〔七〕黄注：周禮司刺：「掌三刺、三宥、三赦之法，以贊司寇聽獄訟。壹刺曰訊羣臣，再刺曰訊羣吏，三刺曰訊萬民。壹宥曰不識，再宥曰過失，三宥曰遺忘。壹赦曰幼弱，再赦曰老旄，三赦曰惷愚。以此三法者求民情，斷民中，而施上服下服之罪，然後刑殺。」所謂「情訊以寬之」也。校補：「情訊」，訊問民訟之情，倒言之耳。司刺掌三刺、三宥、三赦之法，訊問臣、吏、百姓，若有不識法、過失而非故犯、忘法而誤犯者，則宥恕之。其幼弱、老旄、愚昧者，則赦免之。再三問案，斷案在寬，是「情訊以寬之」也。

〔八〕黄注：周禮：「掌囚，及刑殺，告刑于王，奉而適朝，士加明梏，以適市而刑殺之。」所謂「朝、市以共之」也。校補：「朝市」，官與民也。謂官施刑於市井，是官民共覩刑罰。

〔九〕校補：謂以矜哀之心顧念用刑，下文所謂「刑斯斷，樂不舉」是也。

〔一〇〕黄注：施刑之日，則弛縣。校補：注「弛縣」，謂罷樂，見周禮春官大司樂。「刑斯斷」，謂斷刑定案，「斯」爲語助。

惟稽五赦〔一〕，以綏民中〔二〕。一曰原心〔三〕，二曰明德〔四〕，三曰勸功〔五〕，四曰褒化〔六〕，五曰權計〔七〕。凡先王之攸赦，必是族也。非是族，焉刑兹無赦〔八〕。

〔一〕錢校：治要「稽」作「督」。校補：書堯典僞孔傳：「稽，考也。」

〔二〕校補：爾雅釋詁：「綏，安也。」淮南子説山「則中不平」，高誘注：「中，心也。」「民中」即民心。

〔三〕黄注：心可矜也。校補：謂原本其犯罪之心，實可矜憐，故赦之。如報親仇之類是。

〔四〕黄注：德可釋也。校補：謂犯者實出於仁，故赦免之以彰明其德。論語里仁：「子曰：人之過也，各於其黨。」邢昺疏：「黨，類也。言人之爲過也，君子、小人各於其類也。」「明德」即寬宥君子犯過咎之意。

〔五〕黄注：功可準也。校補：謂赦免犯者以勉勵其立功贖罪。説文力部：「勸，勉也。」

〔六〕黄注：化所關也。校補：謂犯者尚可教化，故赦之以光大教化。淮南子主術「一人被之而不褒」，高誘注：「褒，大。」

〔七〕黄注：權時之宜，非常典也。校補：五赦之中，唯「權計」爲一時之權宜，隨事而決，未具言其事。

〔八〕黄注：族，類也。即祭法「非此族也，不在祀典」之「族」。校補：詩大雅靈臺鄭玄注：「攸，所也。」「必是族」，謂必在此五赦之類。「焉刑兹無赦」，經傳釋詞：「焉，猶乃也。」爾雅釋詁：「兹，此也。」

天子有四時，朝以聽政，晝以訪問，夕以脩令，夜以安身〔一〕。上有師、傅〔二〕，下有譏臣〔三〕，大則講業〔四〕，小則咨詢，不拒直辭，不恥下問，公私不愆，外内不二〔五〕。是謂有交〔六〕。

〔一〕黄注：本公孫僑告叔向之言。杜氏曰：「聽政，聽國政也。訪問，問可否也。脩令，念所施也。」校補：文見左傳昭公元年。「脩令」，脩同修，修整政令也。杜預注釋「脩令」爲「念所施」者，謂夕則念所施政令，修整其不足。

〔二〕黄注：成王作周官：「立太師、太傅、太保，兹惟三公，論道經邦，燮理陰陽。官不必備，惟其人。少師、少傅、少保曰三孤，貳公弘化，寅亮天地，弼予一人。」班固曰：「三公蓋參天子，坐而議政，無不總統，故不以一職爲官名。又立三少爲之副。」

〔三〕校補：四庫本「譏臣」作「諍臣」。按戰國策齊策三「孟嘗君譏坐，謂三先生曰：願聞先生有以補文之闕者」，鮑彪注：「讌，合語也。」集韻去聲三十二霰：「讌，合語也。」讌謂坐而聚談。讌臣指與天子聚議之近臣。

〔四〕校補：「則」原作「有」，黄注謂當作「則」，錢校據改。按王本亦作「則」，今據改。講業，謂侍臣於御前講論經史學業，後世所謂「經筵」是也。

〔五〕校補：左傳昭公二十六年杜預注：「愆，失也。」「外内」本指朝廷與地方，此蓋指宫内外，謂君臣上下也。「不二」謂同心。

〔六〕黄注：易曰：「上下交而其志同也。」校補：君無不咨詢，臣無不盡言，是上下心意交通，故曰「有交」。

問：「明於治者其統近〔一〕。」「萬物之本在身，天下之本在家，治亂之本在左右，内正立而四表定矣〔二〕。」

〔一〕黄注：（「近」）俗本誤作「迫」。校補：廣雅釋詁：「統，理也。」謂治理。近，謂自身及左右之人。謂明於治國者，皆由治理自身及左右之人始。

〔二〕黄注：身脩家齊，而左右罔匪正人，則内正立矣。四表，四外，猶言四方也。四方定則國治，天下平矣。校補：注「而左右罔匪正人」，程本、四庫本「匪」作「非」。匪同非。「内正」，正通政，内政，指宫内之事務。

問：「通於道者其守約〔一〕。」「有一言而可常行者，恕也〔二〕。有一行而可常履者，正也。恕者，仁之術也〔三〕；正者，義之要也。至哉〔四〕，此謂道根，萬化存焉爾〔五〕。是謂不思而得，不爲而成，執之胷心之間，而功覆天下也〔六〕。」

〔一〕黄注：孟子曰：「守約而施博者，善道也。」

〔二〕黄注：論語：「子貢問：『一言而可以終身行之者乎？』子曰：『其恕乎！』」校補：自「有一言」云云以下爲悦答或問，而省「曰」字。下文悦答或問之文亦多省「曰」。新書道術「以己度人謂之恕」，所謂「己所不欲，勿施於人」。

〔三〕黄注：孟子曰：「强恕而行，求仁莫近焉。」

〔四〕錢校：治要作「至矣哉」。

〔五〕黄注：仁義而天下之理得矣。校補：「此」，承上文指恕與正。謂此二者即仁義，爲道之本，萬物賴以生存。漢書京房傳「則萬化成」，顔師古注：「萬化，一曰萬物之類也。」

〔六〕黄注：守約施博。校補：「不思而得，不爲而成」，謂自然得理、成事。「執之胷心之間，而功覆天下也」者，禮記曲禮上鄭玄注：「執，猶守也。」守此恕與正於心胸，則功遍及天下。

自天子達於庶人，好惡哀樂，其脩一也；豐約勞佚，各有其制〔一〕。上足以備禮，下足以備樂〔二〕，夫是謂大道。天下國家一體也，君爲元首，臣爲股肱〔三〕，民爲手足〔四〕。下有憂民，則上不盡樂；下有饑民，則上不備膳〔五〕；下有寒民，則上不具服〔六〕。徒跣而垂旒，非禮也〔七〕。故足寒傷心，民寒傷國〔八〕。

〔一〕黄注：言上下情無不同，其貴豐而逸、賤約而勞者，分殊爾。校補：「其脩一也」，「脩」當作「循」，字之誤也。爾雅釋詁：「循，從也。」漢書杜周傳顏師古注：「循，因也。」謂自天子至庶民，其好惡哀樂之情所由皆同。然尊卑有別，豐約、勞逸有等，各有其制，故曰「豐約勞佚各有制」。莊子天地「循于道之謂備」，釋文：「循，或作脩。」易繫辭下「德之脩也」，釋文：「脩，馬作循。」按六朝、唐人俗書，偏旁形近者多混用，從「亻」與從「彳」混寫無別，故「循」、「脩」形似易譌。一説脩、循一聲之轉，字通，實不然。脩、循雖皆齒頭音字，然幽、文二部相隔，似無由通轉。此實涉俗書形似而誤，讀六朝、唐人寫本者，類能知之。

〔二〕校補：謂上足以具禮制之需，下足以具樂生之給。

〔三〕黄注：書曰：「元首明哉，股肱良哉。」

〔四〕黄注：元首、股肱、手足，言一體。校補：注「言一體」，程本、四庫本「言」作「爲」。

〔五〕校補：治要「饑」作「飢」，王本同。按飢餓字作「飢」，饑荒字作「饑」，古亦通用。此與下「寒民」並舉，則於義當作「飢」。「不備膳」謂減膳。莊子徐無鬼成玄英疏：「備，具足也。」

〔六〕校補：法言重黎李軌注：「具，備有之也。」具即周備。「不具服」，謂節省衣服。

〔七〕黄注：下民憂而上盡樂，下民饑而上備膳，下民寒而上具服，所謂徒跣而垂旒。校補：慧琳一切經音義五十九：「徒跣，以脚踐土也。」旒同瑬。説文玉部：「瑬，垂玉也，冕飾。」徒跣而垂旒，謂冠冕而裸其足。喻上自樂而無視下憂，忽忘立國之本也。

〔八〕錢校：治要「（民）寒」作「（民）憂」。校補：按自上「下有憂民」云云至此，治要在下文「治世之臣所貴乎順者三」云云一段之後，與今本次序異。

問：「君以至美之道道民，民以至美之物養君〔一〕。」「君降其惠，民升其功〔二〕，此無往不復，相報之義也。故太平備物，非極欲也；物損禮闕〔三〕，非謙約也，其數云爾〔四〕。」

〔一〕黄注：美道，五典之類。美物，五穀之類。校補：「道民」之「道」通導。謂君以禮教導民，民以衣食養君。

〔二〕校補：吕氏春秋孟夏「農乃升麥」，高誘注：「升，獻。」國語魯語下「蒸而獻功」，韋昭注：「冬祭曰蒸。蒸而獻五穀布帛之屬。」按事有所成曰功，五穀布帛爲農功、女功所成，故謂之功。此「升功」即謂獻五穀布帛，上文所謂「民以至美之物養君」是也。

〔三〕黄注：年凶眚禮。

〔四〕校補：國語周語中韋昭注：「備，藏也。」太平豐足之年，猶備藏財物者，非窮極奢欲。意謂防荒歲匱乏。荒歲物乏之時，乃闕省禮樂者，非謙遜而儉約。意謂節財以卹荒也。「其數云爾」，猶云其理如此。管子法法尹知章注：「數，理也。」「云爾」猶言如此，見助字辨略。

問人主。「有公賦無私求，有公用無私費，有公役無私使，有公賜無私惠，有公怒無私怨。私求則下煩而無度，是謂傷清〔一〕。私費〔二〕則官耗〔三〕而無限，是謂傷制。私使則民撓擾而無節，是謂傷義〔四〕。私惠則下虛望而無準，是謂傷正〔五〕。私怨則下疑懼而不安，是謂傷德。」

〔一〕校補：「問人主」乃或問爲人主當如何。以下則爲悦答或問。「私求則下煩而無度」，本當云「私求則無度而下煩」。蓋公賦有定制，私求則無定制，故曰「無度而下煩」。今云「下煩而無度」，倒言之，變其文耳。下文「私費則官耗而無限」、「私使則民撓擾而無節」、「私惠則下虛望而無準」，皆倒言之，本當作「私費則無限而官耗」、「私使則無節而民撓擾」、「私惠則無準而下虚望」也。「傷清」，謂世不清平。

〔二〕黄注：費出無經。

〔三〕黄注：府庫空虚。

〔四〕黄注：義，謂使民之義。校補：新書道德説：「義者，理也。」理所宜行謂之義，傷義即傷理。

〔五〕黄注：正，謂賜予之正。校補：「虚望」，虚猶空也，徒也，見助字辨略。私惠行則偏私不公，賞不公則無準則，則下徒空望賞而已。「傷正」，正謂公正。

問：「善治民者治其性也。或曰冶金而流，去火則剛；激水而升，舍之則降。惡乎治〔一〕？」曰：「不去其火則常流，激而不止則常升〔二〕。故大冶之爐可使無剛〔三〕，踊水之機可使無降〔四〕。善立教者若兹，則終身治矣，故凡器可使與顔、冉同趨〔五〕。投百金於前，白刃加其身，雖巨跖弗敢掇也〔六〕。善立法者若兹，則終身不掇矣，故跖可使與伯夷同功〔七〕。」

〔一〕黄注：（惡）平聲。校補：禮記檀弓下「吾惡乎用吾情」，鄭玄注：「惡乎，猶於何也。」按「惡乎」猶言如何。説文水部：「激，水礙衺疾波也。」水受阻而騰湧曰激，阻水使之騰湧亦曰激。

孟子告子上：「（水）激而行之，可以在山。」激即阻水使漲溢也。按問者謂或曰治民之性如治金使之溶化、阻水使之漲溢，去火、去阻，則金復剛而水復降。此喻民性一不治則復惡，問如何治之。

〔二〕黄注：金流、水升，喻民治也。校補：謂治民不可怠緩。

〔三〕黄注：説文曰：「冶，消也。」又爐鑄謂之冶。尸子曰：「蚩尤造九冶。」又鑄匠謂冶。校補：注「消也」，説文「消」作「銷」。此「大冶」當以注後一説爲是，冶謂鑄匠。大冶，喻善治民者。「冶」爲攻金之工，見周禮考工記。莊子大宗師「今之大冶鑄金」，大冶即大匠。

〔四〕黄注：莊子：「子貢謂漢陰丈人曰：『有械於此，一日浸百畦，用力甚寡而見功多，夫子不欲乎？』爲圃者仰而視之，曰：『柰何？』曰：『鑿木爲機，後重前輕，挈水若抽，數如泆湯，其名曰槔。』」悦所謂機，蓋是類也。校補：「踊水」，使水騰湧也。踊通涌，後起字作「湧」。

〔五〕黄注：凡，常也。善立教者，愚可使賢。校補：禮記王制鄭玄注：「器，能也。」凡器，謂平庸之人。顔、冉，孔子弟子顔回、冉耕，並以德行稱，見史記仲尼弟子列傳。「同趨」，趨同趣，趣向、志趣。

〔六〕黄注：利在前，刑在後，則畏而止矣。巨跖，莊子：「柳下季之弟名曰盜跖，從卒九千人，横行天下，侵暴諸侯，穴室樞户，驅人牛馬，取人婦女。」校補：詩周南芣苢毛傳：「掇，拾也。」

〔七〕黄注：善立法者，貪可使廉。校補：同功，謂德業等也。

問：「民由水也〔一〕？」「濟大川者，太上乘舟，其次泅〔二〕。泅者勞而危，乘舟者逸而安。虛入水，則必溺矣〔三〕。以知能治民者，泅也〔四〕；以道德治民者，舟也；縱民之情謂之亂，絶民之情謂之荒〔五〕。」曰：「然則如之何？」曰：「爲之限，使勿越也〔六〕；爲之地，亦勿越〔七〕。故水可使不濫，不可使無流〔八〕。善禁者，先禁其身而後人；不善禁者，先禁人而後身。善禁之至於不禁，令亦如之〔九〕。若乃肆情於身而繩欲於衆，行詐於官而矜實於民〔一〇〕，求己之所有餘，奪下之所不足，捨己之所易，責人之所難，怨之本也〔一一〕，謂理之源斯絶矣〔一二〕。自上御下，猶夫釣者焉，隱於手〔一三〕，應於鉤，則可以得魚〔一四〕。自近御遠，猶夫御馬焉，和於手而調於銜〔一五〕，則可以使馬。故至道之要，不於身非道也〔一六〕。睹孺子之驅雞也，而見御民之方。孺子驅雞者，急則驚，緩則滯〔一七〕。方其北也，遽要之，則折而過南〔一八〕；方其南也，遽要之，則折而過北。迫則飛，疎則放〔一九〕。志閑則比之〔二〇〕，流緩而不安則食之〔二一〕。不驅之驅，驅之至者也〔三〕。志安則循路而入門。」

〔一〕校補：由，同猶；也，猶「耶」也，並見經傳釋詞。此問句。

〔二〕黄注：泅，浮行水上也。

〔三〕黄注：既不乘舟，又不能泅，所謂虚入水也。校補：「矣」，原誤作「矢」，據程本、四庫本、王本、龍谿精舍本改。虚，猶言徒然。

〔四〕校補：知同智。

〔五〕黄注：上無道德，次無智能，所謂亂與荒也。校補：新書道術：「以己量人謂之恕，反恕爲荒。」禁絶民之情欲，非以己度人之恕道，故謂之荒。按荒借爲妄，見説文通訓定聲。又易泰九二「包荒用馮河」，漢帛書本「荒」作「妄」，亦其例。

〔六〕黄注：不縱不絶，爲之界限，使不得逾分。

〔七〕校補：不縱民之情欲，故曰「爲之限」；不絶民之情欲，故曰「爲之地」。謂禁限而有餘地也。

〔八〕黄注：猶民可使不越，不可使無情欲也。校補：上「爲之限」、「爲之地」是正言，此復以水喻之。「水可使不濫」，爲之限也；「不可使無流」，爲之地也。

〔九〕黄注：上既正，則民不禁自正。校補：按「善禁之至於不禁」，疑當作「善禁之至，至於不禁」，涉重文而脱一「至」字。上「至」字訓極，玉篇至部：「至，極也。」言善禁之極，乃至於無禁也。孫子虚實：「故形兵之極，至於無形。」與本文語例正同。極、至義同。又商君書賞刑：「明賞之猶，至於無賞也；明刑之猶，至於無刑也；明教之猶，至於無教也。」猶通尤。尤與至、極義亦相類。「令亦如之」，「如之」承上言，謂善令之至，至於無令也。

〔一〇〕校補：資治通鑑三十胡三省注此文云：「繩，約也。」情、欲互文。漢書賈誼傳顔師古注：「矜，尚也。」二句謂在身則縱其情，在民則約其欲；在官則自我行詐，在民則責彼尚實。

〔一一〕黄注：凡此皆所謂先禁人而後身者，不惟不能禁人，而民怨集矣。校補：捨，謂置之不問。「所易」，肆欲；「所難」，禁欲也。

〔一二〕黄注：先禁其身者，理之源也。校補：謂，猶爲也；斯，猶乃也，並詳經傳釋詞。「理」當作「治」，注「理」字同。言爲治之根本乃絶。

〔一三〕黄注：按「手」下當有「而」字。校補：下文云「和於手而調於銜」，故注謂此當作「隱於手而應於鉤」，與下句一律。

〔一四〕校補：魚於水中，所見者唯餌耳。吞餌則中鉤，是魚「應於鉤」也。鉤以綸懸繫於竿，竿操於釣者之手，魚不能見之，是釣者「隱於手」也。待魚自吞餌應鉤，釣者揚竿而得魚矣。此喻治民當誘導之，使其自從，不可强制而驚恐之也。

〔一五〕黃注：（銜）馬口勒也。校補：說文龠部：「龢，調也。」字通作「和」。和、調互文。御者操轡而控銜勒，馬之進退迴旋，與手之操控相協調，故曰「和於手而調於銜」。

〔一六〕校補：意謂至道之要在於身行，道不在身，非道之謂。經傳釋詞：「於，猶在也。」

〔一七〕黃注：急，急驅之。緩，緩驅之。皆非所以驅雞也。悦之取喻，即其所謂「小人之情緩則驕，驕則恣；急則怨，怨則畔」爾。

〔一八〕校補：助字辨略：「方，當也。」北，向北而行。此「北」爲動字。下「方其南也」解仿此。玉篇辵部：「遽，急也。」要，讀如孟子公孫丑下「使數人要於路」之要，遮也。漢書趙充國傳顏師古注：「要，遮也。」字亦作「邀」。廣韻平聲八戈：「過，經也。」以上三句，謂當雞向北，急遮攔之，則折返而由南。

〔一九〕黃注：過南過北、飛放者，皆不循路入門也。校補：玉篇放部：「放，散。」謂迫近之則飛，疏遠之則散矣。

〔二〇〕黃注：比，近也。竢雞志閑，然後近之，則不驚。校補：「安閑」字本作「閒」，借「閑」字爲之。下文曰「志安則循路而入門」，志閑即志安，謂心定。

〔二〕黄注：食之則不滯。校補：廣雅釋詁：「流，行也。」莊子天運成玄英疏：「流，動也。」「流緩」，謂遲疑、踟躕。食音祥吏切，與之食也。

〔三〕黄注：比之、食之，不驅之驅也。

太上不空市〔一〕，其次不偷竊，其次不掠奪。上以功、惠綏民，下以財、力奉上〔二〕，是以上下相與〔三〕。空市則民不與，民不與，則爲巧詐而取之，謂之偷竊。偷竊則民備之，備之而不得〔四〕，則暴迫而取之，謂之掠奪，民必交争〔五〕，則禍亂矣。

〔一〕校補：廣雅釋詁：「市，買也。」空市即賒買。

〔二〕黄注：即悦所謂「君降其惠，民升其功」。校補：「以功、惠綏民」，功謂論功而賞。

〔三〕校補：與，給予。予、與古今字。下二「不與」字並同。

〔四〕黄注：不得巧詐而取也。校補：慧琳一切經音義二十九引文字典説：「備，預防也。」

〔五〕校補：謂民必共與上争。玉篇交部：「交，共也。」

或曰：「聖王以天下爲樂〔一〕。」曰：「否。聖王以天下爲憂〔二〕，天下以聖王爲樂〔三〕。凡主以天下爲樂〔四〕，天下以凡主爲憂〔五〕。聖王屈己以申天下之樂〔六〕，凡主申己以屈天下之憂〔七〕。申天下之樂，故樂亦報之〔八〕。屈天下之憂，故憂亦及之〔九〕。天下之道也〔一〇〕。」

〔一〕錢校：（「樂」下）原脱「乎」字，據治要補。校補：按此乃「或」所言如此，不必加「乎」轉爲問語。且上文曰「問：明於治者其統近」、曰「問：通於道者其守約」、曰「問：君以至美之道道民，民以至美之物養君」、曰「問：人主有公賦無私求，有公用無私費，有公役無私使，有公賜無私惠，有公怒無私怨」，諸問語亦不加「乎」字。悦書設或曰、或問，句末多不加「乎」字。下時事至雜言諸篇亦可證。今不據補「乎」字。

〔二〕黄注：如帝堯存心天下，加志窮民，一民饑曰我饑之，一民寒曰我寒之，一民有罪曰我陷之是已。

〔三〕黄注：如帝堯之世，天下大和，耕田鑿井，歌於擊壤，立我烝民，謠於康衢是已。

〔四〕黄注：如履癸傾宫瑶臺、肉山脯林、酒池糟堤以爲樂者是已。校補：注「傾宫」，程本、四庫本作「瓊宫」。按淮南子墬形「傾宫旋室」，高誘注：「傾宫，宫滿一頃田中也。」後漢書陳蕃傳李賢注引帝王紀曰：「紂作傾宫，多采美女以充之。」履癸即夏桀。

〔五〕黄注：如夏邑民曰「時日曷喪，予及汝偕亡」是已。

〔六〕黄注：屈己而憂。

〔七〕黄注：申己而樂。校補：申同伸，伸、屈對文，義相反。云「申天下之樂」則可，云「屈天下之憂」則意不可通。蓋抑屈天下之憂，即伸舒天下之樂也。今按此文二「之」字用法當同「於」，謂聖王屈己以伸天下於樂，凡主伸己以屈天下於憂也。古書「之」訓「於」，例多見，參經傳釋詞、經詞衍釋諸書。下文「申天下之樂」、「屈天下之憂」，之亦猶於。

〔八〕黄注：民樂，則聖王必享其樂。

〔九〕黄注：民憂，則凡主必至於憂。

〔一〇〕錢校：（「天之道也」）原作「天下之道也」，據治要删「下」字。校補：按「天下之道也」，謂天下之道理如此也。且上文皆以「天下」爲言，此乃總結之句。今不從錢删。

治世所貴乎位者三，一曰達道於天下，二曰達惠於民，三曰達德於身〔一〕。衰世所貴乎位者三，一曰以貴高人〔二〕，二曰以富奉身，三曰以報肆心〔三〕。治世之位，真位也。衰世之位，則生災矣。苟高人則必損之，災也；苟奉身則必遺之，災也；苟肆心則必否之〔四〕，災也。

〔一〕黄注：道非位不行，惠非位不降，德非位不顯。治世之所貴者，此也。校補：「達道於天下」，言使道通達於天下。下二句解仿此。

〔二〕校補：高人，居人上。

〔三〕黄注：勢非位不隆，欲非位不厭，讎非位不報。衰世之所貴者，此也。校補：按單言「報」，似不當僅以報仇釋之。荀子正論「皆報也」，楊倞注：「報，謂報其善惡。」凡報恨、報謝皆曰「報」。「以報肆心」，謂恩怨必報，以恣其意也。

〔四〕校補：「必否之」，「之」指己，言人必否己。易否釋文：「否，塞也。」否音並鄙切。謂苟肆意無忌，則己必爲人所困也。上「苟高人則必損之」、「苟奉身則必遺之」二句解仿此。損之，謂己爲人所貶抑。遺之，謂己爲人所遺棄。

治世之臣所貴乎順者三，一曰心順，二曰職順，三曰道順。衰世之臣所貴乎順者三〔一〕，一曰體順，二曰辭順，三曰事順〔二〕。治世之順，真順也。衰世之順，生逆也〔三〕。體苟順則逆節〔四〕，辭苟順則逆忠〔五〕，事苟順則逆道〔六〕。高下失序則位輕，班級不固則位輕〔七〕，禄薄卑寵則位輕〔八〕，官職屢改則位輕，遷轉煩瀆則位輕〔九〕，黜陟不明則位輕〔一〇〕，待臣不以禮則位輕。夫位輕而政重者，未之有也〔一一〕。聖人之大寶曰位〔三〕，輕則喪吾寶也。

〔一〕校補：「衰世之臣」云云以下二十二字，原脱。黄注謂疑脱「衰世之臣所貴乎順者三，一曰體順，二曰亂順，三曰事順」二十二字。按治要正有此二十二字，唯「亂順」作「辭順」。錢校據治要補，盧校據黄注補，今從治要補。

〔二〕校補：心順，不違心；職順，不瀆職；道順，不背道。體順，體貌柔順，謂便辟足恭。辭順，言辭承順。事順，行事順上。

〔三〕黄注：（「生逆也」）當作「則生逆矣」。校補：按治要引有「則」字，「矣」作「也」。逆，謂姦逆不忠。

〔四〕黄注：逆節則心不順矣。校補：苟且迎逢則失節，故曰「逆節」。

〔五〕黄注：逆忠則職不順矣。校補：「辭」，原誤「亂」，據治要改。言辭苟合而不直諫，故曰「逆忠」。

〔六〕黄注：逆道則道不順矣。校補：事苟且順上，不辨是非，則有違道義，故曰「逆道」。

〔七〕黄注：漢爵有二十級。校補：左傳文公六年杜預注：「班，位也。」班級即官位與爵次。

〔八〕校補：「卑寵」，謂在下位者得尊寵。

〔九〕校補：二句謂官職屢改，職務遷變煩亂無準，則居位無常而難立威信，故位輕。易蒙「再三，瀆」，釋文：「瀆，亂也。」「煩瀆」複語。

〔一〇〕黃注：黜，退降也。陟，升進也。舜典曰：「三載考績，三考黜陟幽明。」

〔一一〕校補：禮記王制孔穎達疏：「政，謂政令施爲。」位輕則政令無威重也。

〔一二〕黃注：易繫辭文。

好惡之不行，其俗尚矣〔一〕。嘉守節而輕狹陋〔二〕，疾威福而尊權右〔三〕，賤求欲而崇克濟〔四〕，貴求己而榮華譽〔五〕，萬物類是已〔六〕。夫心與言，言與事，參相應也〔七〕。好惡、毀譽、賞罰，參相福也〔八〕。六者有失〔九〕，則實亂矣。守實者益榮，求己者益達，處幽者益明，然後民知本也〔一〇〕。

〔一〕校補：「不行」，據下文蓋謂好惡失其實。呂氏春秋古樂「故樂之所由來尚矣」，高誘注：「尚，久也。」謂好惡之不實，其俗已久。按下文舉「嘉守節而輕狹陋」云云四事，皆謂有其所好者則必有其所惡者，好與惡相符也。此段大意謂所好與所惡不相符，則好惡失實，故好惡不失實，則民知所當爲而不忘本。唯文意略嫌牽强，今隨其文推演其意。

〔二〕校補：經傳釋詞：「而，猶則也。」下文「疾威福」、「賤求欲」、「貴求己」云云三句「而」字並同。

持守節操者志趣高尚，故嘉尚守節，則必輕看淺狹鄙陋之人。此舉好、惡相符之事一。

〔三〕校補：玉篇疒部：「疾，患也。」疾謂憂患。權右，謂權貴。史記廉頗藺相如列傳正義：「秦、漢以前，用右爲上。」憂懼作威作福者淩己，則必尊奉權貴。此舉好、惡相符之事二。

〔四〕校補：爾雅釋言：「克，能也。」又：「濟，成也。」「克濟」謂有所成就。嗜欲多求，則喪志而事無所成。故鄙賤貪欲者，則必崇好成就事功。此舉好、惡相符之事三。

〔五〕校補：後漢書馬融傳李賢注：「華譽，虛譽也。」列子周穆王「榮汝之糧」，張湛注：「榮，棄也。」俞樾諸子平議云：「訓榮爲棄，不知何據，殆非也。榮者對實而言，榮猶華也（按華、花古今字）。爾雅釋草：『木謂之華，草謂之榮，榮而不實者謂之秀。』是其義也。古人之詞，凡無實者謂之華。後漢書馬融傳注曰：『華譽，虛譽也。』訓華爲虛，則榮亦可爲虛矣。榮汝之糧，言其虛費而無實用也。」今按俞説雖可從，然虛而無實謂之榮，由此義亦可引申爲視爲無用而棄之，則張注未必可非，今仍姑從張注。凡事求諸己，則所得爲實。故求於己者，則必棄虛譽。此舉好、惡相符之事四。

〔六〕校補：此承上好、惡相符言之，謂萬事皆類此。

〔七〕校補：參，互也。穀梁傳桓公五年楊士勛疏：「參者，交互之義。」「參應」即互應。言者，心之聲，故心與言相應；事者，言之實，故言與事相應。

〔八〕盧校改「福」（從示）爲「福」（從衣），云：案李善注西京賦「仰福帝居」云：「福，同也。」匡謬正俗云：「福，古副貳字。」又東京賦「順時服而設福」，亦見顏籀書，今本改「福」爲「副」。徐鍇云：「仰福之福從衣。」此字舊本皆作「福」，誤也。校補：按錢校據盧説改。王本、龍谿精舍本亦改作「福」。今按從衣之「福」，亦即「副」字，訓稱副、符同。唯福與福同聲相同，今文選西京賦仍作從示之「福」。似不必改字，但知「福」字作相符解，不作福佑解，斯可矣。好惡，生於心也；毀譽，出於言也；賞罰，見於事也。心與言相應，言與事相應，則好惡、毀譽、賞罰自相符也。

〔九〕黄注：六者，謂好惡、毀譽、賞罰。有失，謂不能詢事考言，占外知内，而謬施之。

〔一〇〕校補：立於實則榮不虚，務實不已，則益榮矣。求諸己則能自達，求之不已，則益達矣。處幽困者不失其正，則雖隱而益顯矣。知守實、求己、處幽，則知本也。

時事第二

最凡有二十一首。其初二首，尚知、貴敦也。其二首有申重可舉者十有九事〔一〕，一曰明考試；二曰公卿不拘爲郡，二千石不拘爲縣；三曰置上武之官；四曰議州牧；五曰生刑而死者但加肉刑；六曰德刑並用；七曰避讎有科；八曰議禄；九曰議專地；十曰議錢貨；十一曰約祀舉重；十二曰天人之應；十三曰月正聽朝；十四曰崇内教；十五曰備博士；十六曰至德要道；十七曰禁數赦令；十八曰正尚主之制；十九曰復外内注記者。

〔一〕校補：小爾雅廣詁：「最，要也。」最凡，猶言總共。「其二首」指上「其初二首」。蓋此篇凡二十一事，初二首總論「尚知、貴敦」，此二首所論復有可舉陳者十九事，即下之「明考試」等時事十九首。

盤庚遷殷，革奢即約〔二〕，化而裁之，與時消息，衆寡盈虛不常厥道〔三〕，尚知貴敦〔三〕，古今之法也。民寡則用易足，土廣則物易生，事簡則業易定〔四〕，厭亂則思治，創難則思静〔五〕。

〔一〕黄注：盤庚，殷王名。自契至湯，八遷始居亳。自湯至盤庚，五遷乃涉河南，復湯故居，行湯之政，以具貝玉、總貨寶爲戒，乃革奢即約之類。校補：事見書盤庚及史記殷本紀。注「總貨寶爲戒」，「寶」原作「實」，據程本、四庫本、龍谿精舍本改，與書盤庚下「無總於貨寶」合。易訟孔穎達疏：「即，從也。」「即約」猶言從簡。後漢書郎顗傳：「昔盤庚遷殷，去奢即儉。」

〔二〕校補：易繫辭上「化而裁之謂之變」，王弼注：「因而制其會通，適變之道也。」「化而裁之」，謂因其變化而裁定，即變通也。又豐彖辭「天地盈虛，與時消息」，孔穎達疏：「盈則與時而息，虛則與時而消。」「消息」謂消滅、生息，「與時消息」亦即因時損益，故曰「衆寡盈虛不常厥道」，蓋因時而變通故也。

〔三〕校補：知同智。老子十五章「敦兮其若朴」，河上注：「敦者，質厚。」按説文心部：「惇，厚也。」玉篇心部：「惇，樸也。」凡言敦厚、敦樸，皆通「惇」。尚、貴互文。

〔四〕校補：易坤文言孔穎達疏：「事成謂之業。」

〔五〕黄注：殷自中丁以來，廢適而更立諸弟子，或争相代立，比九世亂，於是諸侯莫朝。校補：黄注乃引史記殷本紀文。注「或争相代立」，「或」上當重「弟子」二字。「創難則思静」，謂因創業艱難，故思安守其業。

或曰："「三皇之民至敦也[一]，其治至清也，天性乎？」曰："「皇民敦，秦民弊，時也[二]。山民樸，市民玩，處也[三]。桀紂不易民而亂，湯武不易民而治，政也[四]。皇民寡，寡斯敦[五]；皇治純，純斯清[六]。奚惟性[七]？不求無益之物，不蓄難得之貨，節華麗之飾，退利進之路[八]，則民俗清矣。簡小忌，去淫祀，絕奇怪，則妖僞息矣[九]。致精誠，求諸己，正大事，則神明應矣[一〇]。放邪說，去淫智[一一]，抑百家[一二]，崇聖典，則道義定矣。去浮華，舉功實，絕末伎，同本務[一三]，則事業脩矣[一四]。」

〔一〕錢校：原脱「之」字，據治要補。校補：今依錢校據治要補。玉篇至部："「至，極也。」「至敦」，極厚樸。

〔二〕黄注："皇、秦之時不同，故敦、弊不同。校補：慧琳一切經音義五引考聲云："「弊，劣也。」

〔三〕黄注："山、市之處不同，故樸、玩不同。校補：玩通忨。説文心部："「忨，貪也。」

〔四〕黄注："桀紂、湯武之政不同，故治、亂不同。校補："「不易民」，謂桀紂與湯武所治之民同，未嘗改易。

〔五〕黄注：三皇之時，蒸庶鮮少，機智不生，所以至敦。校補：注「蒸庶」，程本、四庫本「蒸」作「烝」。按蒸同烝。經傳釋詞：「斯，猶則也。」

〔六〕黄注：三皇之治無爲而化，繁苛不尚，所以至清。校補：純與淳、醇古通用。慧琳一切經音義五引考聲云：「淳，朴也。」其治樸實無華，則政事清平。

〔七〕校補：按治要「奚」作「矣」，屬上「純斯清」爲句。「惟性」連下讀。小萬卷樓本據治要改，錢氏未出校。今按「奚惟性」乃答上文或曰「天性乎」之問，猶言「何性之有耶」。奚，何也。惟，有也。並見經傳釋詞。治要作「矣」，未是。

〔八〕校補：「利進之路」，圖財利、謀仕進。荀子大略「君子進則能益君之譽而損下之憂」，楊倞注：「進，仕。」

〔九〕錢校：治要「去」作「絶」。校補：戰國策秦策一高誘注：「簡，汰也。」小忌，常俗無謂之忌諱。書大禹謨孔穎達疏：「淫者，過度之意。」淫祀，謂濫祀以求福。絶奇怪，謂杜絶違常之行。妖僞，謂怪誕幻僞之事。

〔一〇〕校補：「致精誠，求諸己」對上「簡小忌，去淫祀」言。孝經紀孝行「居則致其敬」，邢昺疏：「致，盡也。」謂盡己精誠之意，但求自身端正。「正大事」，對上「絶奇怪」言。呂氏春秋順民高誘注：「正，治也。」「神明應」對上「妖僞息」言。仲長統昌言「召天地之嘉應」，應即嘉應，謂天地神明報應祥瑞也。

〔一〕校補：小爾雅廣言：「放，棄也。」凡過度失正曰淫。用心智於不經之學，則謂之淫智。論語爲政：「攻乎異端，斯害也已。」淫智，治異端之智也。

〔二〕黄注：諸子殺亂之言。

〔三〕錢校：治要「同」作「周」。校補：字作「同」義長。同有統義。墨子經上：「同，異而俱之於一也。」異而俱之於一，即統於一也。國語周語上「其惠足以同其民人」，韋昭注：「同，猶一也。」孫子謀攻「不知三軍之事，而同三軍之政」，「同三軍之政」，謂統三軍之政。上云「末伎」謂工商，此云「本務」謂農桑。「同本務」即一致事農本。

〔四〕黄注：能盡五事，則民敦治清矣。此初二首，所謂尚知貴敦也。校補：禮記中庸「脩道之謂教」，鄭玄注：「脩，治也。」

誰毀誰譽，譽其有試者，萬事之概量也〔一〕。以兹舉者，試其事；處斯職者，考其績〔二〕。賞罰失實，以惡反之，人焉飾哉〔三〕。語曰：盗跖不能盗田尺寸，寸不可盗，况尺乎〔四〕？夫事驗必若土田之張於野也，則爲私者寡矣〔五〕。若亂之墜於澳也，則可信者解矣〔六〕。故有事考功，有言考用，動則考行，靜則考守〔七〕。

〔一〕黄注：孔子曰：「吾之於人也，誰毁誰譽，如有所譽者，其有所試矣。」概，所以戛摩取平者。斗斛曰量。言考試品賢能之虚實，猶概量較米粟之多寡也。校補：説文言部：「誰，何也。」「譽其有試者」，經傳釋詞：「其，猶乃也。」謂若有所譽，乃試其事而實可稱譽。概亦作槩，荀子宥坐：「概，平斗斛之木。」平斗斛須以木刮摩之，使穀與斗斛齊平，故注曰「戛摩取平」。概、量皆度量之具。萬事之概量，謂考試爲度量萬事之依據。

〔二〕黄注：詢事驗舉，省績察職。校補：「以茲舉者，試其事」，謂以此舉薦其人，則考其事亦如此否。爾雅釋詁：「茲，此也。」

〔三〕校補：原文「失」作「夫」，據王本改。「以惡反之」，反同返，謂賞罰失實，則必返以惡果。然則人焉能掩飾其善惡哉。

〔四〕黄注：纖惡細善，不可閟掩。校補：謂田布於野，人皆見之而不能盗。此起下文「夫事驗必若土田之張於野也」之喻。

〔五〕黄注：田布於野，不可隱者，喻惡不可掩也。校補：原文「土」作「上」，錢校改「土」。按明徐元太喻林六十九、陳禹謨駢志十九並引作「土」，四庫本同，今據改。事之明驗，必如土田張布於野，人皆見之。田在野而人人得見，雖盜跖亦不能盜寸地。喻事有驗則人盡知，善惡不可掩也。如此則人不敢爲非，而爲私者寡矣。

〔六〕黄注：亂，朱子曰：「舟之截流横渡者。」澳，厓内近水之處。舟登於陸，不可信者，喻善不可僞也。校補：注「厓内近水之處」，王本無「處」字，則當讀「近水之舟登於陸」爲句，「厓内」屬上讀，釋「澳」字。程本「處」字作空缺。按此二句費解。黄注「舟登於陸」云云，亦不甚瞭，且釋「墜」爲「登」，殊爲牽强。今謂澳通隩，音於六切。説文阜部：「隩，水隈崖也。」水涯曲處曰隩。横渡曰「亂」，本爾雅釋水。「亂之墜於澳」，蓋謂横渡之舟於濱邊水静處尚自墜沉，故曰「則可信者解矣」，謂不可信其能截流横渡也。漢書五行志上顔師古注引張晏曰：「解，止也。」

〔七〕黄注：此一首所謂明考試也。校補：「動則考行」，言察其作爲行事；「静則考守」，言察其平素操守。

公卿不爲郡，二千石不爲縣，未是也〔一〕。小能其職，以極登於大，故下位競〔二〕。大橈其任，以墜於下，故上位慎〔三〕。其鼎覆刑焉，何憚於降〔四〕？若夫千里之任不能充於郡，而縣邑之功廢，惜矣哉〔五〕。不以過職絀，則勿降，所以優賢也。以過職絀，則降，所以懲愆也〔六〕。

〔一〕黃注：公謂三公，師、傅、保也。卿謂六卿，冢宰至司空也。郡謂郡守、郡尉。縣謂縣令、縣長也。班固曰：「郡守，秦官，掌治其郡，秩二千石。郡尉，秦官，掌佐守典武職甲卒，秩比二千石。縣令、長皆秦官，掌治其縣。萬户以上爲令，秩千石至六百石。減萬户爲長，秩五百石至三百石。」校補：篇首「最凡」所舉十九事之二云：「公卿不拘爲郡，二千石不拘爲縣。」言公卿可使治郡，郡守可使治縣，上位者可任下職也。既不拘任下職，故以「公卿不爲郡、二千石不爲縣」爲非。

〔二〕黃注：（「下」）俗本誤作「不」。小職有登，則下位競修其業矣。校補：廣雅釋詁：「極，高也。」按「以極登於大」，「極」字似衍，「以登於大」與下句「以墜於下」相對。漢書嚴助傳「中國之人不能其水土也」，顏師古注：「能，堪也。」小、大指官位高低言。下位者堪任職，則升於上位，如此在下位者皆競相勉力其職事。

〔三〕黃注：大任有墜，則上位慎共其職矣。校補：詩商頌長發釋文：「橈，亂也。」按橈通撓。「橈其任」，亂其職。注「共其職」，共同供。

〔四〕黃注：易鼎九四曰：「鼎折足，覆公餗，其形渥，凶。」此言大臣廢壞國事，刑之尚可，何況降位？校補：注引鼎九四文，周易集解引虞翻本「形渥」作「刑渥」，云：「大刑也。」九家易：

「鼎者，三足一體，猶三公承天子也。三公謂調陰陽，鼎謂調五味。足折餗覆（按言鼎足折而傾其食），猶三公不勝其任，傾敗天子之美。故曰『覆餗』也。」此以鼎三足，喻三公輔佐天子。鼎折足，傾天子之美食，喻三公力不勝職。不勝職則致大刑及身。悦云「鼎覆刑焉」，「形」作「刑」，與虞翻易同。謂三公失職猶可大刑加於身，何畏難降職乎？說文心部：「憚，忌難也。」

〔五〕校補：漢書百官公卿表上：「縣大率方百里。」千里之任，謂郡守之職也。又揚雄傳上顔師古注：「充，當。」「充於郡」，謂當郡守。「若夫千里之任不能充於郡」，謂若不能充當郡守而受千里之任，倒言之也。小爾雅廣詁：「功，事也。」其人之才僅足治一縣，若任以郡守，則力不能當其職，而反廢縣邑之事，故云可惜也。

〔六〕黄注：此一首所謂公卿不拘爲郡，二千石不拘爲縣也。校補：呂氏春秋達鬱「上無過舉」，高誘注：「過，失。」過職即失職。絀通黜。謂若非因失職免任，則勿降其官級，所以優厚待賢才也。以失職免任，則降其官級，所以懲戒過愆也。

孝武皇帝以四夷未賓，寇賊姦宄〔一〕，初置武功賞官，以寵戰士〔二〕。若今依此科而崇其制〔三〕，置尚武之官，以司馬兵法選位，秩比博士〔四〕，講司馬之典，簡蒐狩之事〔五〕，掌軍功爵賞，小統於五校〔六〕，大統於太尉〔七〕，既周時務〔八〕，禮亦宜之。周之末葉，兵革繁矣，莫亂於秦，民不荒殄〔九〕。今國家忘戰日久〔一〇〕，每寇難之作，民瘁幾盡〔一一〕。不教民戰，是謂棄之，信矣〔一二〕。

〔一〕校補：爾雅釋詁：「賓，服也。」書旅獒「四夷咸賓」，僞孔傳：「四夷皆賓服。」書牧誓「以姦宄于商邑」，孔穎達疏：「姦宄，謂劫奪。」

〔二〕黄注：大司農陳：臧錢經用，賦税既竭，不足以奉戰士。有司請令民得買爵，及贖禁錮，免臧罪；請置賞官，名曰武功爵。級十七萬，凡直三十餘萬金。諸買武功爵官首者試補吏，先除；千夫如五大夫；其有罪又減二等；爵得至樂卿，以顯軍功。按茂陵中書有武功爵，一級曰造士，二級曰閑輿衛，三級曰良士，四級曰元戎士，五級曰官首，六級曰秉鐸，七級曰千夫，八級曰樂卿，九級曰執戎，十級曰政戾庶長，十一級曰軍衛。此武帝所制，以寵軍功。校補：注「免臧罪」，程本、四庫本「臧」作「贓」。按注乃引漢書食貨志下文，史記平準書「臧」作「減」，王先謙漢書補注謂作「減」是。又注「九級曰執戎」，程本、四庫本「戎」作「戍」。按漢書食貨志下臣瓚注引茂陵中書作「戎」。「武功」，軍功。易師象傳鄭玄注：「寵，光耀也。」「寵戰士」，使武卒榮耀。

〔三〕校補：太玄玄攡范望注：「科，法也。」「依此科」，謂依武帝置武功爵以寵戰士之法。「崇其制」，謂擴大其尚武之制。文選册魏公九錫文六臣注引李周翰云：「崇，大也。」

〔四〕黄注：齊將司馬穰苴撰兵法三卷。秩比博士，六百石也。校補：「置尚武之官」，設官以掌崇尚武事，即下文所謂「掌軍功爵賞」者。爾雅釋宫：「中庭之左右謂之位。」邢昺疏：「位，羣臣之列位也。」「選位」即選尚武之官。荀子王霸楊倞注：「秩，禄也。」禮記樂記鄭玄注：「比，猶同也。」武帝置五經博士，秩六百石，見漢書百官公卿表上。

〔五〕黄注：古者中春教振旅，遂以蒐田；中夏教茇舍，遂以苗田；中秋教治兵，遂以獮田；中冬教大閲，遂以狩田。詳見周禮。校補：左傳昭公七年杜預注：「講，習也。」爾雅釋言：「簡，閲也。」簡謂檢閲。爾雅釋天：「春獵爲蒐。」又：「冬獵爲狩。」檢閲蒐狩之事者，古以狩獵爲習武之事。

〔六〕黄注：「校」，俗本誤作「枚」。五校者，一曰屯騎，二曰越騎，三曰步兵，四曰長水，五曰射聲，俱掌宿衞兵，所謂「大駕鹵簿，五校在前」是也。

〔七〕黄注：太尉，秦官，金印紫綬，掌武事。武帝建元二年省。元狩四年初置大司馬，以冠將軍之號。建武二十七年復爲太尉。校補：「小統」，直屬也；「大統」，總屬也。

〔八〕校補：楚辭離騷王逸注：「周，合也。」

〔九〕校補：國語吴語韋昭注：「荒，空也。」説文歺部：「殄，盡也。」「民不荒殄」，謂民未絶盡，此對下文「民瘁幾盡」言。

〔一〇〕錢校：「今」原誤「令」，今正。校補：按程本、王本誤「令」。

〔一一〕校補：漢末戰亂不斷，此云「忘戰」者，蓋謂久不尚武，不習戰。「民瘁幾盡」，瘁、悴通用，謂民憔悴，幾近損亡絶盡。

〔一二〕黄注：孔子曰：「以不教民戰，是謂棄之。」古者四時于田，所以教爾。此一首所謂置尚武之官也。校補：以未習戰之民戰，是猶棄民於死。論語述而邢昺疏：「人言不欺謂之信。」「信矣」，猶云誠哉是言。

或問曰：「州牧、刺史、監察御史三制，孰優〔一〕？」曰：「時制而已〔二〕。」曰：「天下不既定其牧乎〔三〕？」曰：「古諸侯建家國，世位權柄存焉〔四〕，於是置諸侯之賢者以牧，總其紀綱而已，不統其政，不御其民〔五〕。今郡縣無常〔六〕，權輕不固〔七〕，而州牧秉其權重，勢異於古〔八〕，非所以强榦弱枝也，而無益治民之實〔九〕。監察御史斯可也〔一〇〕。若權時之宜，則異論也〔一一〕。」

〔一〕黃注：監御史，秦官，掌監郡。漢興，省之。至惠帝三年，又遣御史監三輔郡，所察之事凡九條，監者二歲更之。其後諸州復置監察御史。文帝十三年，以御史不奉法，下失其職，乃遣丞相史出刺，并督察監御史。武帝元封元年，御史止不復監。至五年，乃置部刺史，掌奉詔六條察州，凡十二州焉，居部九，歲舉爲守相。成帝綏和元年，以爲刺史位下大夫，而臨二千石，輕重不相準，乃更爲州牧，秩真二千石，位次九卿。建平二年復爲刺史。元壽二年復爲牧。建武十八年復爲刺史十二人，各主一外州。舊以八月巡行所部，録囚徒，考殿最。初，歲盡詣京師奏事，中興但因計吏，不復自詣京師，雖父母之喪，不得去職。或謂州府爲外臺，靈帝中平五年改刺史，惟置牧。是時天下方亂，多自九卿出領州牧，州牧之任自此重矣。

〔二〕黃注：三制隨時所定。校補：三制因時所定，謂未可比較孰爲優。

〔三〕校補：天下，謂今獻帝時。上文黃注：「靈帝中平五年改刺史，惟置牧。」

〔四〕校補：程本「存」作「有」。

〔五〕校補：禮記曲禮下：「九州之長，入於天子之國，謂之牧。」鄭玄注：「每一州之中，天子選諸侯之賢者以爲之牧也。」孔穎達疏：「殷曰伯，周曰牧。此云牧，據周禮也。天子於每州之中選取賢侯一人，加一命，使主一州爲牧。」按此云牧，蓋謂爲一方諸侯之長，如文王爲紂之西伯是。

其後春秋時齊桓、晉文等五伯亦其類。然但主諸侯之盟，率諸侯以朝天子、伐叛命，不領各諸侯國之政，不治其民，故曰「總其紀綱而已」，謂但總督諸侯之法紀。

〔六〕黄注：不若古諸侯之世位。校補：郡縣非世襲，故曰「無常」。

〔七〕黄注：不若古諸侯之權柄存。校補：今郡縣受制於州牧，故曰「權輕不固」。

〔八〕黄注：不若古諸侯之牧不統政御民。校補：謂州牧統郡縣之政。

〔九〕校補：漢制，郡統縣，縣治民，郡縣爲民政之本。若監御史，不過巡查各郡，且不常設。武帝始置州刺史，掌奉詔督察各州之郡，始設州治，然秩不過六百石，權不過督察。成帝時更爲州牧，秩真二千石，位次九卿，由此權重。靈帝時，州牧多由朝廷重臣出任，權益重。延至獻帝，州牧統管一方軍事民政，勢成割據，如袁紹、曹操先後爲冀州牧，劉表爲荆州牧，劉璋爲益州牧皆是。而郡縣受制，進黜無常，權輕不固矣。故悦謂「非所以强榦弱枝也，而無益治民之實」者，有感於當時而言之。

〔一〇〕黄注：言監御史愈於州牧。校補：悦意謂以今時而論，則可置監御史，但巡查各郡，勿設州治，不至使郡縣權輕不固。

〔一一〕黄注：此一首所謂議州牧也。校補：異論，謂另作别論。

肉刑，古也〔一〕。或曰：「復之乎？」曰：「古者人民盛焉，今也至寡〔二〕。整衆以威，撫寡以寬，道也〔三〕。復刑非務，必也生刑而極死者復之可也〔四〕。自古肉刑之除也〔五〕，斬右趾者死也。惟復肉刑，是謂生死而息民〔六〕。」

〔一〕校補：肉刑，殘傷肢體之刑，如劓（割鼻）、刖趾（斬足）是。漢時肉刑有三，漢書刑法志：文帝十三年下令除肉刑，其令曰「今法有肉刑三，而姦不止」，顔師古注引孟康曰：「黥、劓二，刖左右趾合一，凡三也。」

〔二〕校補：前文云：「今國家忘戰日久，每寇難之作，民瘁幾盡。」故曰今民至寡。

〔三〕校補：玉篇辵部：「道，理也。」謂民衆則治以嚴，民寡則治以寬，此乃事之常理。

〔四〕黄注：如斬右趾本生刑也，而改爲棄市，則極死矣。斯則斬右趾之刑復之可也。校補：「必也」屬下讀。論語八佾「君子無所争，必也射乎」，孔穎達疏：「君子雖於他事無争，其或有争，必也於射禮乎？」必也，猶言必須、惟有。國語魯語下「齊朝駕，則夕極於魯國」，韋昭注：「極，至也。」謂恢復肉刑非所當務，惟不當死之生刑而改至死刑者，則可恢復肉刑。按仲長統云：「肉刑之廢，輕重無品。」漢時廢除肉刑，罰中罪無中刑以稱之。其中罪不當死者，以輕刑不足懲戒，往往處死，或令死獄中而詐稱病卒，皆罪不當死而至死，參仲長統昌言損益。

〔五〕校補：「古肉刑」三字連讀。上文云：「肉刑，古也。」

〔六〕黄注：孝文下令除肉刑，張蒼等立律曰：「諸當完者，完爲城旦舂。當黥者，髡鉗爲城旦舂。當劓者，笞三百。當斬左趾者，笞五百。當斬右趾，及殺人先自告，及吏受賕枉法、守縣官財物而即盜之、已論命復有笞罪者，皆棄市。」是後外有輕刑之名，内實殺人。斬右趾者又當死，笞五百、三百率多死。至景帝更定箠令。此言肉刑極死者復之，則死者生，而民生息矣。此一首所謂生刑而死者但加肉刑也。校補：文帝廢肉刑改鞭笞，以行刑過重而往往致罪囚於死，漢書刑法志所謂「外有輕刑之名，内實殺人」是也。唯景帝時三復減輕笞刑，罪囚始得全生。其後中罪既不當死，處鞭笞又以罰輕而不足懲戒，漢書刑法志所謂「死刑既重，而生刑又輕，民易犯之」是也。以故中罪往往加罪而處死，仲長統所以議復肉刑者爲此。悦曰「必也生刑而極死者復之可也」，又曰「自古肉刑之除也，斬右趾者死也」，是僅就當斬右趾而改棄市者言之，謂此則可復肉刑以全其生，其餘廢肉刑而不至死者，則不必復肉刑，故曰「復刑非務」。按悦此議實由不忍復肉刑以殘民，故僅以改死刑者可復斬右趾。然當時斷中罪既無中刑，處輕罰又患不足懲戒，故官獄每每栽贓加罪以處死，甚而令死獄中而詭稱疾病，皆生刑而屈死者，詳見昌言損益。故仲長統謂以復肉刑爲不可者，是「忍于殺人，而不忍于刑人」也。肉刑之復，漢人議之紛紛，而無定論。蓋其心皆出於不忍，而廢之與復，利弊兼有耳。

問德刑並用。「常典也[一]。或先或後，時宜[二]。刑教，不行勢極也[三]。教初必簡，刑始必略，事漸也[四]。教化之隆，莫不興行，然後責備[五]。刑法之定，莫不避罪，然後求密[六]。未可以備，謂之虛教[七]。未可以密，謂之峻刑[八]。虛教傷化，峻刑害民，君子弗由也。設必違之教，不量民力之未能，是招民於惡也，故謂之傷化[九]。設必犯之法，不度民情之不堪，是陷民於罪也，故謂之害民[一〇]。莫不興行，則一毫之善可得而勸也，然後教備[一一]。莫不避罪，則纖介之惡可得而禁也，然後刑密[一二]。」

[一] 校補：「常典也」上，於文當有「曰」字，此以下皆悦答問之語。爾雅釋詁：「典，法也。」常典，常法、通則。政體篇云：「故凡政之大經，法、教而已。」

[二] 黃注：或先德後刑，或先刑後德，隨時所宜。

[三] 黃注：常典不行過伉耳。校補：「刑教」即刑德，謂法與教。「刑教不行勢極也」七字作一句讀，謂刑法、德教者，其行之不得勢過猛急。淮南子精神「隨其天資，安之不極」，高誘注：「極，

急也。」左傳襄公二十四年「公孫之亟也」，杜預注：「亟，急也。」極、亟字通。下文云「教初必簡，刑始必略，事漸也」，爲之漸，故不行勢極。或讀「刑教不行」爲句，「勢極也」爲句，未是。黄注云「不行過伉耳」，伉同「亢極」之亢，過伉即過甚。知黄以「不行勢極」連讀，是也。

〔四〕黄注：創始欲民易從，宜於簡略。校補：韓非子喻老：「事者，爲也。」孝經聖治「作事可法」，「事」爲動字，「作事」即作爲。「事漸」，謂漸爲之。

〔五〕黄注：簡者以漸而備。校補：説文貝部：「責，求也。」教化其始則簡而民易從，漸至民無不從而行之，而後可以求全責備。

〔六〕黄注：略者以漸而密。校補：刑法之既定，乃至民無不避罪，而後可以求法嚴密。

〔七〕黄注：教化未隆，民不興行，而責備焉，是謂虚教也。校補：下文云：「設必違之教，不量民力之未能，是招民於惡也，故謂之傷化。」不度量民能行之與否，設不可行之教，是强使民從其所惡，民必違而不行，反於教化有傷，則是教化虚設也。故謂未可以責備而强求之，則教化等同虚設。

〔八〕黄注：刑法未定，民不避罪，而求密焉，是謂峻刑也。校補：峻刑，猶言酷刑。下文云：「設必犯之法，不度民情之不堪，是陷民於罪也，故謂之害民。」不度民情之不堪，立不可行之法，則民必犯之，因而違法觸罪，是陷民於罪而害之也。故謂法未可以密而强求其嚴密，則爲酷刑。

〔九〕黄注：未可以備而責備，則教必違。

〔一〇〕黄注：未可以密而求密，則法必犯。

〔一一〕黄注：民行脩飭，則教備而不違。校補：上文云：「教化之隆，莫不興行，然後責備。」

〔一二〕黄注：民知畏罪，則法密而不犯。此一首所謂德刑並用也。校補：上文云：「刑法之定，莫不避罪，然後求密。」

或問復讎。「古義也〔一〕。」曰：「縱復讎，可乎？」曰：「不可〔二〕。」曰：「然則如之何？」曰：「有縱有禁，有生有殺〔三〕。制之以義〔四〕，斷之以法〔五〕，是謂義法並立〔六〕。」曰：「何謂也？」曰：「依古復讎之科〔七〕，使父讎避諸異州千里，兄弟之讎避諸異郡五百里，從父、從兄弟之讎避諸異縣百里〔八〕。弗避而報者，無罪〔九〕。避而報之，殺〔一〇〕。犯王禁者，罪也〔一一〕；復讎者，義也〔一二〕，以義報罪〔一三〕。從王制，順也；犯制，逆也，以逆、順生殺之。凡以公命行止者，不爲弗避〔一四〕。」

〔一〕盧校「古義也」句上補「曰」字，云：「『曰』字舊本皆脱。」校補：按上文「或問德刑並用。常典也」云云，雜言下「或曰辭達而已矣。聖人以文」云云，「常典」、「聖人」以下皆爲答語，於文亦當有「曰」字，而皆未加「曰」字。此復仇謂報父兄之仇。新書道德説：「義者，理也。」凡事合理宜行，皆謂之義。

〔二〕黄注：縱之，則人將倚法專殺，亂滋生矣。校補：縱之，謂法不禁。

〔三〕黄注：弗避而報者，無罪，所謂有縱、有生。避而報之，殺，所謂有禁、有殺。校補：避，謂官府調和，使仇人遠避死者親屬，見下文黄注。

〔四〕黄注：據禮經則義不同天。校補：玉篇刀部：「制，斷也。」「制」與下「斷」互文，皆謂斷決。

〔五〕黄注：徵法令則殺人者死。校補：所以斷之於禮所制定之義者，以復仇之義不可忽略也；所以斷之於法令者，以殺人者當死之法亦不可玩忽也。

〔六〕校補：「並立」，謂兼顧禮義與法令。

〔七〕校補：資治通鑑七十胡三省注：「科，律條也。」

〔八〕黄注：周禮調人：「凡和難（按謂調解仇怨），父之讐辟諸海外（按讐同讎，即仇人。辟同避），兄弟之讐辟諸千里之外，從父兄弟之讐不同國。君之讐眡父（按眡同視，仿照），師長之讐眡兄弟，主、友之讐眡從父兄弟。弗辟，則與之瑞節而以執之（按謂仇人不遠避，則予調人符信，捕之以送官)。凡殺人有反殺者(按反殺,謂已報仇殺一人,又反復再殺其家人子弟),使邦國交讎之(按謂通令各國皆得捕復仇者而誅之)。凡殺人而義者,不同國,令勿讎,讎之則死。」此古復讎之科也。又禮記曰:「父之讎弗與共戴天,兄弟之讎不反兵(按謂不待返回取兵器,即當與仇人鬭),交遊之讎不同國。」又:「子夏問於孔子曰:『居父母之讎如之何?』夫子曰:『寢苫枕干,不仕,弗與共天下也。遇諸市朝,不反兵而鬭。』曰:『請問居昆弟之讎如之何?』曰:『仕弗與共國,銜君命而使,雖遇之,不鬭。』曰:『請問居從父昆弟之讎如之何?』曰:『不爲魁。主人能,則執兵而陪其後。』」按:此異州乃九州之州。校補:注「寢苫」,「苫」原作「苦」,據程本、四庫本、龍谿精舍本改。

〔九〕黄注:未避之前,但知有復讎之義而已,故報者生之。校補:報,謂報復殺仇人。下「避而報之」同。

〔一〇〕黄注:既避之後,則有王禁在焉,故報者誅之。

〔一一〕校補:謂仇人避而報之,犯王禁。

〔一二〕校補:謂仇人弗避而報者,合禮義。

〔一三〕校補:按「以義報罪」,義不可通。下文云「從王制,順也;犯制,逆也,以逆、順生殺之」,與此文並列。以彼例此，則「以義報罪」，當作「以義、罪報之」。文當曰「犯王禁者，罪也；復讎者，義也，以義、罪報之」。此「報」非報復之「報」，謂決斷。後漢書孝安帝紀李賢注：「報，謂決斷也。」蓋仇家避而報仇，則復仇者犯王禁而謂之罪；仇家不避而報仇，則復仇者不犯禁而謂之義。故於復仇殺人者，當據其合於義抑或犯王禁而決斷有罪與否，故曰「以義、罪報之」。

〔四〕黄注：此一首所謂避讐有科也。校補：行止，行也，猶「動静」謂動也。上文注引周禮調人調和民之仇難，凡仇人當遠遷於異州郡縣以避之，則死者親屬不得追尋報仇。避而報之，則有罪。若仇家戀鄉不避，則官執之治罪。悦謂「弗避而報者，無罪」，是不避者，親屬自行報仇亦可無罪矣。此云「凡以公命行止者，不爲弗避」者，則謂若仇家奉公命而行，非其本意不避，故親屬遇之不得報仇。禮記檀弓上云：「銜君命而使，雖遇之，不鬭。」彼「銜君命」乃謂親屬奉君命行，雖遇仇家不鬭。與此言仇人奉命行則遇之不報，皆是不以私害公之意。按此論復仇，限於民事。公羊傳定公四年：「父不受誅（何休注：不受誅，罪不當誅也），子復讎可也。」則君殺無罪之臣，子亦可復仇矣。然公羊所言乃春秋事，各國之弒君亦不止於復仇一端。若秦漢以降，天下一統，君之殺臣，即無罪，子豈得報父仇乎？至以民事論，古者父母兄弟遭人殺，子弟雖未告官而徑行報復殺人，其情有可原，又況若父兄遭冤殺而無力告官者乎？古人最重孝道，禮記檀弓上謂父母之仇「弗與共天下」是也。所謂大義滅親，乃一時權變，非常經。故古於復仇之事，律禁不嚴。然子殺人復仇，人亦有子反報之，如此冤冤相報，勢將無以止之矣。是以周制設調人，有使仇家遠徙避仇之法，故悦謂「依古復讎之科」。

或問禄。曰：「古之禄也備〔一〕，漢之禄也輕〔二〕。夫禄必稱位，一物不稱，非制也〔三〕。公禄貶則私利生〔四〕，私利生則廉者匱而貪者豐也〔五〕。夫豐貪、生私，匱廉、貶公，是亂也，先王重之〔六〕。」曰：「禄可增乎？」曰：「民家財愆，增之宜矣〔七〕。」或曰：「今禄如何〔八〕？」曰：「時匱也〔九〕。禄依食，食依民，參相澹〔一〇〕。必也正貪禄〔一一〕，省閑冗〔一二〕，與時消息，昭惠恤下，損益以度可也〔一三〕。」

〔一〕黄注：其詳見周禮、孟子、王制。校補：注「詳」原作「詩」，據程本、四庫本改。荀子禮論楊倞注：「備，豐足也。」

〔二〕黄注：漢制，禄秩自中二千石至百石各有等差。

〔三〕校補：謂俸禄必與職位相稱，有一事不稱，則制度非當也。

〔四〕黄注：言月俸貶損，則賄賂行矣。

〔五〕黄注：潔白者窶貧，汙墨者富羨。校補：注「羨」原作「美」，據程本、四庫本、龍谿精舍本改。以上二句，程本、四庫本作「公生貶則私利生，私利禄則廉者匱而貪者豐也」，上句「禄」字與下句「生」字互誤。王本下句亦誤作「私利禄則廉者匱而貪者豐也」。

〔六〕校補：重之，謂慎防官吏因俸薄而貪私致亂。

〔七〕校補：愆通衍。左傳昭公二十一年「豐愆」，釋文：「愆，本或作衍。」荀子賦「暴人衍矣」，楊倞注：「衍，饒也。」謂百姓饒足，則宜增俸禄。蓋禄之厚賴食之豐，食之豐賴民之富，相依而足也。下文曰：「禄依食，食依民，參相澹。」

〔八〕黄注：今，謂獻帝時。

〔九〕校補：匱，指民匱乏。言時下百姓匱乏，不宜增禄。

〔一〇〕黄注：澹，古「贍」字，給也。即漢書「猶未足以澹其欲」及「以澹不足」之「澹」。此言民以給食，食以給禄，所謂參相贍也。

〔一一〕黄注：黜汙吏。校補：按「貪禄」猶言戀棧，本謂貪戀禄位，此指徇私之墨吏。

〔一二〕黄注：汰羨官。校補：冗，「宂」之俗體。説文宀部：「宂，椒（散）也。」閑冗，謂閑散多餘之官。

〔三〕黄注：此一首所謂議禄也。校補：「與時消息」，謂因時宜增減，參本篇前注。此承「省閑冗」言，謂官職多寡因時宜而設。左傳定公四年杜預注：「昭，顯也。」「昭惠」即示恩。上云「食依民」，故當施惠以恤民。度音徒落切，測度也。「損益以度」，謂審度時勢以損益俸禄。

諸侯不專封。富人名田踰限，富過公侯，是自封也。大夫不專地。人賣買由己，是專地也〔一〕。或曰：「復井田與〔二〕？」曰：「否。專地非古也，井田非今也〔三〕。」「然則如之何？」曰：「耕而勿有，以俟制度可也〔四〕。」

〔一〕黄注：董仲舒説武帝曰：「秦用商鞅之法，改帝王之制，除井田，民得賣買，富者田連仟伯（按仟伯同阡陌），貧者亡立錐之地。又顓川澤之地（按顓、專古今字），管山林之饒，荒淫越制，踰侈以相高；邑有人君之尊，里有公侯之富，小民安得不困？古井田法雖難卒行，宜少近古，限民名田，以澹不足。」至哀帝時師丹建言：「累世承平，豪富吏民訾數鉅萬，而貧弱愈困，宜略爲限。」丞相孔光、大司空何武奏請：「諸侯王、列侯皆得名田國中。列侯在長安、公主名田縣道，及關内侯、吏民名田皆毋過三十頃。」時丁、傅用事，董賢隆貴，皆不便也。後遂寢不行。校補：注「限民名田」，「名」原作「各」，據程本、四庫本改。注所引見漢書食貨志上。廣雅釋言：「專，擅也。」大戴禮子張問入官盧辯注：「專，謂自納於己。」專謂專擅、專有。公羊傳僖公元年：「諸侯之義，不得專封也。」專封謂擅自分封。漢書食貨志上顏師古注：「名田，占田也。各爲立限，不使富者過制，則貧弱之家可足也。」名田即名下所屬之田。富人無爵位，而名田過制，富過公侯，是猶自封爲王侯也，故曰「是自封也」。卿大夫因官食采地，不得擅自專有地權。乃今人之買賣田地由己，是猶專有其地也，故曰「專地」。按前漢紀八孝文皇帝紀下悅言曰：「春秋之義，諸侯不得專封，大夫不得專地。今豪民占田或至數百千頃，富過王侯，是自專封也。買賣由己，是自專地也。」與此文正同，皆謂當制止富豪佔地無限。

〔二〕校補：井田相傳爲周制。一井之地九百畝，公家之田百畝居中，周邊則八家之私田各百畝，其形如「井」字，故曰「井田」，見孟子滕文公上。按井田之制，耕者地畝有定數。今富人佔地逾制，故或問可復井田之制否。「與」同「歟」。

〔三〕黃注：言專地固非隆古之典，而井田廢久，又非今所可行。校補：按前漢紀八孝文皇帝紀下悅言曰：「井田之法，宜以口數占田，爲立科限，民得耕種，不得買賣，以贍民弱，以防兼併，且爲制度張本，不亦宜乎？雖古今異制，損益隨時，然紀綱大略，其致一也。」是悅以爲井田非今所能行者，謂其具體之制度不能依樣行之。至於井田禁佔地不均，則古今一致也。故曰「雖古今異制，損益隨時，然紀綱大略，其致一也」。

〔四〕黄注：耕而勿有，不得賣買由己。以俟制度，不得踰限也。此一首所謂議專地也。校補：禮記坊記鄭玄注：「有，專也。」有即專有。勿有，謂無地權，故注云「不得賣買由己」。按土地得以擅自買賣，則貧賤者迫於生計而賣，而權富者乘人之困而買，是豪富兼併日盛一日，故悦以爲耕者不得專有其地而擅自買賣。俟、竢古通。説文立部：「竢，待也。」玉篇人部：「俟，候也。」制度，制定法度也。言先使耕者不得自由買賣田地，而後待制定法度以限田。

或問貨〔一〕。曰：「五銖之制宜矣〔二〕。」曰：「今廢，如之何〔三〕？」曰：「海内既平，行之而已〔四〕。」曰：「錢散矣，京畿虚矣〔五〕，其勢必積於遠方。若果行之，則彼以無用之錢市吾有用之物，是匱近而豐遠也〔六〕。」曰：「事勢有不得。官之所急者，穀也。牛馬之禁，不得出百里之外。若其他物，彼以其錢取之於左，用之於右，貿遷有無，周而通之，海内一家，何患焉〔七〕？」曰：「錢寡矣。」曰：「錢寡，民易矣。若錢既通而不周於用，然後官鑄而補之〔八〕。」或曰：「收民之藏錢者輸之官，收遠輸之京師〔九〕，然後行之。」曰：「事枉而難實者，欺慢必衆，姦僞必作，争訟必繁，刑殺必深，吁嗟紛擾之聲章乎天下矣，非所以撫遺民、成緝熙也〔一〇〕。」曰：「然則收而積之與？」曰：「通市其可也〔一一〕。」或曰：「改鑄四銖。」曰：「難矣〔一二〕。」或曰：「遂廢之？」曰：「錢實便於事用〔一三〕，民樂行之，禁之難。今開難令以絶便事，禁民所樂，不茂矣〔一四〕。」曰：「起而行之，錢不可，如之何〔一五〕？」曰：「尚之、廢之弗得已，何憂焉〔一六〕？」

〔一一〕校補：貨，錢幣。周禮秋官職金鄭玄注：「貨，泉貝也（按泉同錢）。」

〔一二〕黄注：太公爲周立九府圜法，錢圜函方，輕重以銖。至漢孝武元狩五年，初鑄五銖錢。至平帝元始中，成錢二百八十億萬餘。王莽居攝，變漢制，於是更造大錢，重十二銖，文曰「大錢五十」。又造契刀、錯刀，與五銖凡四品，並行。莽即真，乃罷契刀、錯刀及五銖，更造錢貨六品。而民便五銖，私相市買。莽下詔：「敢非井田、挾五銖錢者爲惑衆，投諸四裔，以御魑魅。」於是農商失業，食貨俱廢。世祖受命，復五銖錢，與天下更始。觀此，則五銖之制宜便於民久矣。校補：注「重十二銖」，「二」原作「一」，據程本、四庫本、龍谿精舍本改，與漢書食貨志下合。又「文曰『大錢五十』」，「文」，程本、四庫本作「又」，誤。漢書律曆志上：「二十四銖爲兩，十六兩爲斤。」一銖重二十四分之一兩。

〔一三〕黄注：今，謂獻帝時。廢者，初平元年董卓壞五銖錢，更鑄小錢是也。校補：獻帝初平元年，袁術等山東州郡討董卓，卓挾帝還都長安，乃壞五銖錢，更鑄小錢，粗劣不便用。又取洛陽、長安銅人銅馬之屬，悉充鑄錢用，於是錢賤穀貴，至一石數萬。見後漢書孝靈帝紀、董卓列傳。

〔四〕黄注：言卓既誅，此制宜復。校補：初平三年，司徒王允與吕布等刺殺董卓。見後漢書董卓列傳。

〔五〕黄注：（「畿」）一作「甸」。校補：文選魏都賦六臣注引吕延濟曰：「近國之地曰畿（按國謂國都）。」京畿，京城及京城附近轄地。

〔六〕黄注：曰散，曰虚，曰積，曰無用之錢，皆言五銖。彼，謂遠方也。校補：五銖錢既廢，京畿久不通用，而錢勢必遠散在四方。今如復用，則彼遠地以已廢而不用之錢，買我有用之物，物必外流，是京畿物匱而四方財豐也。

〔七〕黄注：言五穀不得及遠，他物以五銖貿還，不足以匱近爲患也。校補：注「他物以五銖貿還」，「五」，原作「正」，據程本、四庫本改。「事有不得」，「不得」謂不得已。下文「尚之、廢之弗得已」，不得亦即弗得已。此答或問「匱近而豐遠」，謂此乃事勢有不得已者，而官家之所急在穀物，且禁農畜不得流出百里之外耳。若論他物，則彼以錢購之於此地，用之於彼地，有餘、不足互爲貿易販運，貨幣、財物周通不息，海内一家，何此匱彼豐是患耶？資治通鑑百六十三「貿遷有無」，胡三省注：「貿，易也。遷，徙也。徙有之無，以相貿易。」「貿遷」亦猶貿易。

〔八〕黄注：言五銖由廢故易，由易故寡。不足，官鑄以贍可也。校補：慧琳一切經音義十一引考聲云：「易，换也。」謂五銖錢寡者，未廢時民以物换之矣。今錢廢，則錢藏於民，非真寡也。若錢通行而果不足於用，然後官鑄而補之可也。

〔九〕校補：「收遠」，「收」原作「牧」，盧校改「收」，錢校從之。按龍谿精舍本作「收」，今據改。

〔一〇〕黄注：此言遠收五銖於京師而後行之，騷動不可。校補：注「騷動不可」，「騷」，原作「驗」，據程本、四庫本、龍谿精舍本改。「難實」，難以成實，謂事難成也。「欺慢」，慢通謾，説文言部：「謾，欺也。」「章乎天下矣」，章同彰。「遺民」，兵亂後留遺之民。詩大雅文王毛傳：「緝熙，光明也。」官先收民所藏之五銖錢，聚之京師，而後復行五銖，則以所收之廢錢轉爲真錢，此詐也。「事枉而難實者」云云八句，謂其事枉於理而難成，故行之必興欺詐姦僞，必起争口訟訴，則刑罰殺戮必重，怨嗟紛擾之聲彰聞天下矣。此非所以安撫劫餘之民、成就光大之業者。

〔一一〕黄注：此言收五銖積貯亦不可。校補：謂錢不可積，通行於市乃可。

〔一二〕黄注：此言改鑄四銖，以復孝文之舊，亦不可。校補：史記平準書：「至孝文時，莢錢益多（按莢錢重三銖），輕，乃更鑄四銖錢。」

〔一三〕校補：「事用」即使用。國語魯語下韋昭注：「事，使也。」墨子尚賢上「不能以尚賢事能爲政」，「事能」即使能。

〔一四〕黄注：此言廢五銖以絶民所便，禁民所樂，亦不可。校補：「開難令」，猶言出難行之令，謂廢五銖錢。不茂，謂事不能興。

〔一五〕校補：謂今興行五銖，錢若不可行，爲之奈何。

〔一六〕黄注：言或尚或廢，其勢自有所不得已者。蓋民便五銖，不得而終廢之，不憂其不行也。厥後曹操爲相，還用五銖，悦之言驗矣。此一首所謂議錢貨也。校補：按悦作申鑒，在建安十年，見後漢紀二十九。曹爲相在建安十三年，故注謂「厥後」云云。通典八云：曹爲相「還用五銖。是時不鑄錢既久，貨本不多（按貨，幣也），又更無增益，故穀賤而已（按故同顧，但也）」。魏文帝黄初二年，以穀貴罷五銖錢。至明帝太和元年復行五銖，由是至晉沿用無改。見三國志魏書、通典八。

聖王先成民而後致力於神〔一〕。民事未定〔二〕，郡祀有闕，不爲尤矣〔三〕。必也舉其重而祀之，望祀五嶽、四瀆〔四〕。其神之祀，縣有舊常〔五〕。若今郡祀之，而其祀禮物從鮮可也〔六〕。禮重本，示民不偷，且昭典物，其備物以豐年〔七〕。日月之災降異，非舊也〔八〕。

〔一〕黄注：東觀書詔：「傳曰：聖王先成民而後致力於神。」校補：「成民」，成就民事。

〔二〕黄注：謂有日月水旱癘疫之災。

〔三〕校補：闕同缺。玉篇乙部：「尤，過也。」

〔四〕校補：此承上「郡祀有闕，不爲尤」言之，謂民事未治定，郡缺祀不爲過，若郡欲祀，則必舉其要者祀之，望祀五嶽、四瀆可也。廣雅釋天：「望，祭也。」王念孫疏證：「望者，遥祭之名。」書舜典「望于山川」，僞孔傳：「九州名山大川、五岳四瀆之屬，皆一時望祭之。」嶽、岳同。文選吴都賦六臣注引李周翰曰：「瀆，大水之通稱也。」

〔五〕黄注：五嶽，岱、衡、華、恒、嵩也。四瀆，江、河、淮、濟也。按漢制，岱宗廟在博縣西北三十里，山虞長守之。十月日合凍，臘月日涸凍，正月日解凍，皆太守自侍祠，法七十萬五千三牲，燔柴，上福脯三十朐，縣次傳送京師。衡廟在廬江灊縣，華廟在弘農華陰縣，恒廟在中山上曲陽縣，嵩廟在潁川陽城縣，皆同禮。河廟在河南滎陽縣。河隄謁者掌四瀆，禮祠與五嶽同。江廟在廣陵江都縣，淮廟在平氏縣，濟廟在東郡臨邑縣。所謂「其神之祀，縣有舊常」也。校補：按黄乃節引風俗通義山澤。注「陽城縣」，「城」原作「成」，據四庫本改，與山澤合。注「十月日合湅」，盧文弨羣書拾補風俗通義校「日」當作「曰」，是，下並同。又注「法七十萬五千三牲」句不可解，然山澤原文如此，疑有誤。山澤此句上原又有「若有穢疾，代行事」七字。「其神」，指五嶽、四瀆之地神。國語越語下韋昭注：「常，舊法也。」云縣有舊法者，即注所引博縣之岱宗廟、平氏縣之淮廟等，謂祭祀五嶽、四瀆之神，舊法諸相應之縣本有其廟以行祭祀。

〔六〕黄注：言嶽、瀆之祀雖曰縣有常典，但民事未定，望祀可也。若必郡祀，則禮物宜從省略。校補：鮮音息淺切。爾雅釋詁：「鮮，寡也。」按注未晰，此謂禮祀五嶽、四瀆，各縣自有舊典常法。今若郡行望祀，其祀禮用物宜從簡。

〔七〕校補：禮，祀禮也。禮之本義謂敬神，説文示部：「禮，履也，所以事神致福也。」重本，重農也。禮記表記鄭玄注：「偷，苟且也。」典物即典故，典章成例也。後漢書宦者傳「加漸染朝事，頗識典物」，書敘指南一引之，釋曰：「朝儀典故，曰朝事典物。」謂禮神者，所以重農桑之本，示民不苟且於務農，且昭彰朝廷典章之成例，以豐年而備足祭祀之物。

〔八〕黄注：此一首所謂約祀舉重也。孫校：（「日月之災降異，非舊也」）此與本章郡祀之義不相應，當在下條之首，而誤著於此。下文云「天人之應，所由來漸矣」，與此二語文正相承慣。校補：按孫謂二句不屬本首，説近是。唯此二句文亦不順，疑當作「日月之降災異，非舊也」，今本「降災」誤倒作「災降」。「降災異」如日食、月食是，然「非舊也」仍不可解。下條「天人之應，所由來漸矣」云云，與下文一貫，今若著此二句於其前，文意反晦。孫謂下條之首與此二句文正相承慣，未必是。此當闕疑，不可强說。

天人之應，所由來漸矣〔一〕。故履霜堅冰，非一時也〔二〕；仲尼之禱非一朝也〔三〕。且日食行事，或稠或曠，一年二交，非其常也〔四〕。洪範傳云「六沴作見」〔五〕，若是王都未見之，無聞焉爾〔六〕。官脩其方，而先王之禮，保章、視祲〔七〕，安宅叙降，必書雲物，爲備故也〔八〕。太史上事無隱焉，勿寢可也〔九〕。

〔一〕校補：謂人事之善惡與天之吉凶相感應，其報應由來有漸，非一時所致。

〔二〕黄注：坤初六曰：「履霜，堅氷至。」校補：氷同冰。注引易坤卦文，謂履踐地霜，則寒氣已來，寒微而積漸，則堅冰終至，參孔穎達疏。此喻事有所由來，乃積漸而成之，非一時突至。後漢書宦者列傳：「易曰：『履霜，堅冰至』，云所從來久矣。今迹其所以，亦豈一朝一夕哉？」李賢注：「其所由來者漸矣，由辨之不早辨也。」

〔三〕校補：論語述而：「子疾病，子路請禱（集解引包咸曰：禱，禱請於鬼神）。子曰：『有諸（集解引周生烈曰：言有此禱請於鬼神之事乎）？』子路對曰：『有之。誄曰：禱爾于上下神祇

（集解引孔安國曰：誄，禱篇名也）。』子曰：『丘之禱久矣（集解引孔安國曰：孔子素行合於神明，故曰丘之禱久矣）。』」按謂人平素行善，神明在上知之，是猶禱於神明，不待有疾病乃始禱請鬼神也。悦引此者，意謂平日不敬事愛民，及至災難之日乃始禱請鬼神，則無益於事。

〔四〕校補：按此文義晦。玩上文舉「履霜堅冰」、「仲尼之禱」爲喻，則此蓋亦以事爲喻。日食，日食三餐，即人之日常也。行事，蓋謂行男女之事。謂男女日常之交合，有密有疏，今一年始交合二次，非常情。蓋謂少子嗣。此喻忽其因而求得果，無補於事也。

〔五〕校補：玉篇水部：「相傷謂之沴。」漢書谷永傳顏師古注：「沴，災氣也。」説文人部：「作，起也。」見、現古今字。「六沴作見」，謂六災出現。洪範傳即伏生尚書大傳之洪範五行傳，其文曰：「若六沴作見，若是共禦（鄭玄注：「若者順也。共讀曰恭。禦，止也。」按謂帝順其災情恭己以止災），帝用不差（按謂帝行事無差錯），神則不怒，五福乃降，用章于下（鄭玄注：降，下也。章，明也）。」皮錫瑞尚書大傳疏證略云：「漢書五行志曰：『野木生朝，野鳥入廟，敗亡之異也。武丁恐駭，謀於忠賢，修德而正事，内舉傳説，授以國政，外伐鬼方，以安諸夏。故能攘木鳥之妖（按攘同禳，去災），致百年之壽。所謂「六沴作見，若是共禦，五福迺降，用章于下」者也。』漢志引傳文，爲攘災致福之應。漢時齊學多言災異，皆通天人之故。六沴，即下云金沴木，木沴金，沴水火，沴火水，木金水火沴土。」

〔六〕校補：意謂天示六沴災異之象以預警（如漢書五行志所謂雜樹生於朝宮，野鳥飛入廟堂之類），若王全都不見，不敬修政事，及至災難至，則未聞有攘災致福之應也。

〔七〕校補：「視」，周禮作「眡」，古文「視」。

〔八〕黃注：周禮保章氏：「掌天星，以志星辰日月之變動，以觀天下之遷，辨其吉凶。以星土辨九州之地，所封封域皆有分星，以觀妖祥。以十有二歲之相，觀天下之妖祥。以五雲之物，辨吉凶水旱降豐荒之祲象。以十有二風，察天地之和，命乖別之妖祥。凡此五物者，以詔救政，訪序事。」又眡祲：「掌十煇之法，以觀妖祥，辨吉凶。一曰祲，二曰象，三曰鑴，四曰監，五曰闇，六曰瞢，七曰彌，八曰叙，九曰隮，十曰想。掌安宅叙降。」鄭氏曰：「宅，居也。降，下也。人見妖祥則不安，主安其居處也。次序其凶禍所下，謂禳移之。」校補：注「以十有二風」，「二」原損壞作「一」，據程本、四庫本、龍谿精舍本改。左傳昭公二十九年：「夫物，物有其官，官脩其方。」杜預注：「方，法術。」謂凡事物皆有官掌管之，官則修治其奉職之術。此云「官脩其方」，指保章氏、眡祲之奉職而言。「先王之禮」，指周禮。周禮春官保章氏、眡祲之職，皆掌觀星辰雲氣之天象，以預辨吉凶災異。云「安宅叙降」者，黃注引鄭玄注：「宅，居也。降，下也。人見妖祥則不安，主安其居處也。次序其凶禍所下，謂禳移之。」孫詒讓周禮正義云：「次序推其凶禍所下之地。可禳者禳卻之，不可禳者則令移徙以就吉。」按「安宅叙降」乃倒言，即「叙降安宅」，謂依次安置災象所降之地，使民各得安居。云「必書雲物，爲備故也」者，注引周禮保章氏云「以五雲之物，辨吉凶水旱降豐荒之祲象（按祲象，吉凶之兆象）」，鄭玄注：「物，色也。視日旁雲氣之色。降，下也。知水旱所下之國。」雲物即日旁雲氣之色。鄭注又引鄭司農云：「青爲蟲，白爲喪，赤爲兵荒，黑爲水，黄爲豐。」左傳僖公五年「必書雲物，爲備故也」，杜預注：「雲物，氣色災變也。素察妖祥（按素，平日），逆爲之備（按逆，謂預先）。」安宅叙降、必書雲物，乃保章氏、眡祲之職，所謂「官脩其方」也。

〔九〕黄注：百官志：「太史令掌天時、星曆，凡歲將終，奏新年曆。凡國祭祀、喪娶，掌奏良日及時節禁忌。凡國有瑞應、災異，掌記之。靈臺丞掌守靈臺，候日月星氣，屬太史。」漢官曰：「靈臺待詔四十二人，其十四人候星，二人候日，三人候風，十二人候氣，三人候晷景，七人候鍾律。一人舍人。」此一首所謂天人之應也。校補：漢太史令，古稱太史（本爲記事之官）。太史令掌天時、星曆，及記國之瑞應、災異。資治通鑑三十五「寢置臣莽」，李賢注：「寢，舍也（按舍同捨）。」謂太史令上奏無隱匿，勿擱置不奏可也。按悦此首之意，就天人相應爲説，謂國家生災變，其由來有漸，故人主於天象示警，當敬修政事。若平日無睹天之儆戒，及至災變已生，則祈禱鬼神無補於事。故舉履霜、丘禱、男女交合三事爲例，諷人主當素有作爲，勿臨急祈禱鬼神也。又舉古之保章氏、眡祲及漢之太史令，謂古今皆重天象之異，預事安民。

天子南面聽天下，嚮明而治，蓋取諸離〔一〕，天之道也。月正聽朝，國家之大事也〔二〕。宜正其儀，以明舊典〔三〕。

〔一〕黄注：易繫辭：「離也者，明也。萬物皆相見，南方之卦也。聖人南面而聽天下，嚮明而治，蓋取諸此也。」校補：按注引易爲説卦文。戰國策秦策五「皆西面而望」，高誘注：「面，向也。」南面，坐北向南。吕氏春秋士容高誘注：「南面，君位也。」公羊傳昭公十九年何休注：「聽，治也。」云「嚮明而治，蓋取諸離」者，説卦又云：「離爲火，爲日。」

〔二〕黄注：禮儀志：「每月朔歲首，爲大朝受賀。其儀：夜漏未盡七刻，鐘鳴，受賀。及贄，公、侯璧，中二千石、二千石羔，千石、六百石鴈，四百石以下雉。百官賀正月，二千石以上上殿稱萬歲，舉觴御坐前。司空奉羹，大司農奉飯，奏食舉樂。百官受賜宴享，大作樂。其每朔，惟十月旦從故事者，高祖定秦之月，元年歲首也。」校補：注「每月朔歲首」，盧文弨羣書拾補續漢書禮儀志中據通典七十改「每歲首正月」。書舜典僞孔傳：「月正，正月。」此「聽朝」非謂臨朝聽政，乃指每歲正月元日，羣臣朝覲天子慶賀。故注引續漢書禮儀志中朝賀之贄獻、賜宴諸儀制。

〔三〕黄注：漢舊儀，公卿以下每月常朝，後以頻省，唯六月、十月朔。後復以六月盛暑，省之。其儀不舉久矣。此一首所謂月正聽朝也。校補：按注所云漢舊儀云云，乃據續漢書禮儀志中李賢注引胡廣答蔡邕所問漢之舊儀制。李注引「唯六月、十月朔」下原文有「朝」字，是，此脱。「宜正其儀」，謂宜定此儀制。周禮天官宰夫鄭玄注：「正，猶定也。」按天子大朝受賀之禮，不舉已久，悦議當定其制以彰舊典者，蓋其時曹操秉政，故欲藉此以尊天子耳。然獻帝已如泥塑木雕，即依悦意行之，又復何如也？適見此議之迂耳。

古有掌陰陽之禮之官〔一〕，以教後宫〔二〕，掌婦學之法，婦德、婦言、〔三〕婦功〔四〕，各率其屬而以時御序于王，先王禮也〔五〕。宜崇其教，以先内政〔六〕。覽列圖，誦列傳，遵典行〔七〕。内史執其彤管，記善書過，考行黜陟，以章好惡〔八〕。男女正位乎外内，正家而天下定矣〔九〕，故二儀立而大業成〔一〇〕。君子之道匪闕，終日造次必於是〔一一〕。

〔一〕盧校：舊本「陰」下有「陽之」二字，係誤衍。案周禮内宰「以陰禮教六宫，以陰禮教九嬪」，注：「陰禮，婦人之禮也。」校補：按盧説近是。地官大司徒鄭玄注：「陽禮，謂鄉射飲酒禮也。」俞樾羣經平議謂陰禮爲婦人之禮，陽禮爲男子之禮。鄉射、飲酒，純乎男子之事，而婦人不與，故曰陽禮。此文乃言教後宮之禮，當祇云陰禮。

〔二〕黄注：周禮内宰：「以陰禮教六宮，以陰禮教九嬪，以婦職之法教九御。」校補：禮記昏義：「古者天子后立六宮，三夫人、九嬪、二十七世婦、八十一御妻。」鄭玄注：「三夫人以下百二十人，周制也。」按自「夫人」以下，皆姬妾之稱號。此云「後宮」，統指后與衆姬妾。

〔三〕黄注：按此(「婦言」下)當有「婦容」二字。

〔四〕黄注：周禮九嬪：「掌婦學之法以教九御，婦德、婦言、婦容、婦功，各帥其屬而以時御叙于王所。」鄭氏曰：「婦德謂貞順，婦言謂辭令，婦容謂婉娩，婦功謂絲枲也。」校補：鄭玄注云「婦德謂貞順」，貞順謂貞節柔順。云「婦言謂辭令」，辭令謂善爲應對。云「婦容謂婉娩」，婉娩謂儀容媚嫵。廣韻上聲二十阮：「娩，婉娩，媚也。」云「婦功謂絲枲」，絲枲即絲麻，指刺繡織紝之事，女功也。

〔五〕校補：「御序」，即九嬪之「御叙」，鄭玄注：「御猶進也，勸也，進勸王息，亦相次叙。」按進勸王息，即侍寢也。謂各率其屬從，以時依次侍寢於王。「先王禮」，謂周之禮也。

〔六〕校補：教，教陰禮、婦學之法。周禮夏官大司馬鄭玄注：「先，猶道也。」道、導古今字。周禮天官女史「以詔后治内政」，内政即後宫之行政事務。謂宜崇重婦人之教，以導後宫之政。

〔七〕校補：列傳，謂經史書籍所載婦人事跡之傳記，有關婦德者。列圖，謂以其事跡圖畫爲像。漢書劉向傳：「向以爲王教由内及外，自近者始，故採取詩書所載賢妃貞婦興國顯家可法則，及孽嬖亂亡者，序次爲列女傳，凡八篇。」所謂「誦列傳」，即誦讀列女傳之類。初學記二十五引劉向七略别録云：「臣向與黄門侍郎歆所校列女傳，種類相從，爲七篇，以著禍福榮辱之效，是非得失之分，畫之於屏風四堵。」所謂「覽列圖」，亦即其類也。爾雅釋詁：「典，常也。」行讀去聲。「遵典行」，謂遵行婦人常守之品行。

〔八〕校補：按：「内史」，當作「女史」。周制，内史掌王八枋之法（枋同柄），乃掌書王之册命官爵者，見周禮春官。女史則掌王后之禮職，見周禮天官。詩邶風静女「貽我彤管」，毛傳：「古者后、夫人必有女史彤管之瀍，史不記過，其罪殺之。」鄭玄箋：「彤管，筆赤管也。」是女史以赤管之筆記王后、諸侯夫人之事，女史不記后、夫人之過，則有罪，殺之。故曰「記善書過」，謂善與過皆書之也；又曰「考行黜陟」，謂據女史之記以考后、夫人之品行，不善者黜退之，善者陟升之也；又曰「以章好惡」，章通彰，謂懲過獎善，彰顯於衆也。太平御覽百四十五引毛詩義疏亦曰：「女史彤管，法如國史，記后、夫人之過。人君有柱下史，后有女史，外内各有官也。」是知此「内史」當作「女史」。

〔九〕黄注：易家人曰：「女正位乎内，男正位乎外。男女正，天地之大義也。」又曰：「正家而天下定矣。」

〔一〇〕校補：詩鄘風柏舟毛傳：「儀，匹也。」儀謂匹配。上文曰「男女正位乎外内」，男女陰陽兩相配，故曰「二儀立」。

〔一一〕黄注：此一首所謂崇内教也。校補：匪、非，闕、缺，字並通。論語里仁「君子無終食之間違仁，造次必於是」，孔穎達疏引鄭玄云：「造次，倉促也。」此謂君子於道終日不缺，雖倉促之間必不違道。按此與上文不相貫，疑是錯簡，或文有脱。

備博士〔一〕，廣太學〔二〕，而祀孔子焉，禮也〔三〕。仲尼作經，本一而已〔四〕。古、今文不同，而皆自謂真本經〔五〕。古今先師，義一而已。異家别説不同，而皆自謂古、今〔六〕。仲尼邈而靡質〔七〕，昔先師殁而無聞〔八〕，將誰使折之者〔九〕？秦之滅學也，書藏於屋壁，義絶於朝野〔一〇〕。逮至漢興，收摭散滯，固已無全學矣〔一一〕。文有磨滅，言有楚夏，出有先後〔一二〕。或學者先意有所借定〔一三〕，後進相放，彌以滋蔓〔一四〕。故一源十流，天水違行，而訟者紛如也〔一五〕。執不俱是〔一六〕，比而論之，必有可參者焉〔一七〕。

〔一〕黄注：博士，秦官，掌通古今。武帝建元初置五經博士，黄龍初稍增員十二人。後漢百官志：「博士祭酒一人，博士十四人，掌易四，施、孟、梁丘、京氏；尚書三，歐陽、大小夏侯氏；詩三，魯、齊、韓氏；禮二，大小戴氏；春秋二，公羊嚴、顔氏。掌教弟子。國有疑事，掌承問對。」

〔二〕黄注：辟雍也。校補：太學即大學，天子設於京師之學校，亦曰辟雍。禮記王制：「天子命之教，然後爲學。小學在公宫南之左，大學在郊。天子曰辟廱，諸侯曰頖宫。」此殷制。孔穎達疏：「周則大學在國（按國謂國都），小學在四郊。」漢書禮樂志：「古之王者莫不以教化爲大務，立大學以教於國。」

〔三〕校補：禮，釋菜之禮也。古者學子入學，以蘋蘩祭祀先聖先師，謂之釋菜。周禮春官大胥：「春入學，舍采合舞。」鄭玄注：「舍即釋也。采讀爲菜。始入學必釋菜，禮先師也。菜，蘋蘩之屬。」

〔四〕校補：謂孔子作經，其本僅一而已，無異本也，故下文云「古今先師，義一而已」。

〔五〕黄注：各謂真傳。校補：古、今文，古文經與今文經。漢之經書以通行之隸書寫之，後以「古文經」出，因稱「今文經」。武帝末，魯共王壞孔子宅，於壁中得古篆所書之經書（即所謂「科斗文」)，稱「古文經」，見漢書藝文志、景十三王傳。

〔六〕黄注：此處有誤。錢校：疑「古」字下有脱字，而「今」字當屬下爲句，謂今世無仲尼也。「今仲尼」與「昔先師」爲對，姑留以俟考。校補：按錢説似未安。「今古」仍當屬上爲句。謂古文經與今文經之先師，其説經之義本皆同，蓋孔子作經，其本一也。後世異其家派，别其經説，而皆自謂師承古文經、今文經之説也。

〔七〕黄注：大聖已逝，經無所質。校補：方言：「邈，離也。」詩邶風泉水毛傳：「靡，無也。」資治通鑑百七十三胡三省注：「質，證也，驗也。」

〔八〕黄注：老師已喪，義無所聞。校補：「聞」，原作「間」，據王本、龍谿精舍本改。注改同。

〔九〕校補：論語顔淵邢昺疏：「折，猶決斷也。」

〔一〇〕黄注：孔安國書序：「秦始皇滅先代典籍，焚書坑儒，天下學士逃難解散。我先人用藏其家書于屋壁。」校補：注「天下」、「天」原作「夫」，據程本、四庫本、龍谿精舍本改。注引孔安國書序，乃魏晉間人僞造，悦卒於建安十四年，非據僞孔序爲説。書藏孔壁事，見漢書藝文志、景十三王傳及劉歆傳。「義絶於朝野」，謂始皇焚書，朝廷民間皆不聞經義。

〔一一〕黄注：藝文志：「漢興，大收篇籍，廣開獻書之路。迄孝武世，書缺簡脱，禮壞樂崩。」校補：注

「禮壞」，「壞」原作「懷」，據程本、四庫本、龍谿精舍本改。摭，説文「拓」之或體，云：「拾也。」散滯，散謂竹帛之散失者，滯謂竹帛之沈滯未行世者。無全學，謂經文與經説已不全也。

〔二〕黄注：如文帝時伏生口誦尚書以授晁錯，僅得二十九篇。至魯恭王壞孔子宅，得所藏科斗文字，定其可知者增多伏生二十五篇，此出有先後之類也。校補：「言有楚夏」，謂楚地與中原方言不同。古人傳經多口授，因方音不同而每有誤也。史記鼂錯列傳：「孝文帝時，天下無治尚書者，獨聞濟南伏生故秦博士，治尚書。年九十餘，老不可徵，乃詔太常使人往受之，太常遣錯受尚書伏生所。」正義引衛宏詔定古文尚書序云：「徵之，老不能行，遣太常掌故鼂錯往讀之。年九十餘，不能正言（按謂口齒不清），言不可曉，使其女傳言教錯。齊人語多與潁川異，錯所不知者凡十二三，略以其意屬讀而已也。」此亦因方音不同而口傳有誤之事例。

〔三〕黄注：無所徵據，臆見損益。

〔四〕校補：禮記祭義「先意承志，諭父母於道」，孔穎達疏：「先意，謂父母將欲發意，孝子則預前逆知父母之意而爲之，是先意也。」按先意本謂揣摩人意，此文則指揣摩經義。説文人部：「借，假也。」借定猶今言「假定」。論語先進邢昺疏：「後進，謂後輩仕進之人也。」廣雅釋詁：「放，效也。」放通仿。呂氏春秋節喪高誘注：「彌，猶益也。」謂學者解經無依據，但揣摩之而有所假定，後學相互仿效，遂致經解之臆説益以滋蔓也。下文曰「故一源十流，天水違行」是。

〔一五〕黄注：易訟曰：「天與水違行。」此以天上、水下相違而行，喻學者所傳背戾，互相争是也。校補：注「互相争是也」，「互」原作「玄」，據程本、四庫本、龍谿精舍本改。「一源」，本經也；「十流」，經解歧出也。「天水違行」，易訟孔穎達疏：「天道西轉，水流東注，是天與水相違而行。」按此喻經、説互異。

〔一六〕孫校：「埶」，當作「埶」，即古「勢」字。此言經師聚訟，勢無兩是，當參定之耳。校補：丹鉛總録十一引作「勢不俱是」，可作孫校之例證。今謂「埶」者，各執一端；「不俱是」者，謂互有是非也。原文亦可通，説詳下注。悦書用詞每簡約生硬，至有讀之不順者，此仿法言之失也。

〔一七〕黄注：此一首所謂備博士也。校補：玉篇幸部：「執，守也。」莊子人間世「將執而不化」，郭象注：「故守其本意也（按故通固）。」墨子經上「服、執、說」，孫詒讓閒詁云：「執，謂言相持而不服。」此謂今文經與古文經之經説各執一端，互有是非，不俱是，然比照而討論之，必有可參用者。按先秦通行古篆，本無所謂古文經；漢以後通行隸書，本亦無所謂今文經。其後先秦古本出，漢儒遂有今文、古文之稱及今文學、古文學之名。然今文經自漢初已爲官學，立博士，故争議尚不起也。哀帝時，劉向子歆欲立古文經於學官，今文博士阻之，歆遂移書太常博士責之，謂治今文學者「不思廢絶之闕，苟因陋就寡，分文析字，煩言碎辭，學者罷老且不能究其一藝」；「保殘守缺，挾恐見破之私意，而無從善服義之公心。或懷妬嫉，不考情實，雷同相從，隨聲是非」，言辭激切，羣儒皆怨恨，是爲今、古文相争之濫觴也。究其實，漢儒今、古文之争不過藉解經以抒發己之政見，且立於學官，可食博士之禄耳。平帝時王莽持政，莽好古文，古文遂立於學官。至後漢初又廢古文，然治古文學者已日衆。其後今、古文之争益烈，互有著述相駁議。參皮錫瑞經學歷史。悦此首之論，不左袒一方，謂宜互爲比照，兼用今、古文之長。按後漢鄭玄諸儒雖治古文，亦兼用今文説，且注今文經，已實行之矣。

或曰：「至德要道，約爾。典籍甚富，如而博之以求約也〔一〕？」「語有之曰：『有鳥將來，張羅待之。』得鳥者，一目也。今爲一目之羅，無時得鳥矣〔二〕。道雖要也，非博無以通矣〔三〕。博，其方；約，其説〔四〕。」

〔一〕盧校：「如而」二字，疑當作「如何」，下當有「曰」字。校補：按依盧校作「如何曰博之以求約也」，則爲問何以言博學以求精約耶。唯而、何二字形不相似，似無由致誤。疑「如」下衹脱一「何」字，「如何而」即如何能。而、能古通。吕氏春秋去私「其誰可而爲之」，高誘注：「而，能也。」

〔二〕黄注：鳥，喻道。羅，喻典籍。校補：文選永明十一年策秀才文六臣注引李周翰曰：「目，網孔也。」張網待鳥，得鳥者僅綱之一目。然如張一目之網，則無得鳥之時。喻要道即在羣籍中，非博學無以得其精要。下文曰「道雖要也，非博無以通矣」。

〔三〕黄注：孟子曰：「博學而詳説之，將以反説約也。」校補：注引孟子見離婁下，趙岐注：「博，廣。詳，悉也。廣學悉其微言而説之者，將以約説其要意。不盡知，則不能要言之也。」

〔四〕黄注：此一首所謂至德要道也。校補：荀子大略楊倞注：「方，法也。」博，指求道之法須博學。約，指説道之義須精約。即趙岐注所謂「不盡知，則不能要言之也」。

赦令，權也〔一〕。或曰：「有制乎〔二〕？」曰：「權無制。制，其義；不制，其事〔三〕。巽以行權，義，制也〔四〕。權者反經，無事也〔五〕。」問其象〔六〕。曰：「無妄之災，大過凶，其象矣〔七〕。不得已而行之，禁其屢也〔八〕。」曰：「絶之乎？」曰：「權曰宜，弗之絶也〔九〕。」

〔一〕黄注：謂凶荒流離、盜賊垢汙之後，不得已而行者。

〔二〕校補：問行大赦之令有一定之制否。

〔三〕校補：權者，反常道而合於事宜，因時變通，故曰「權無制」，謂大赦之令乃權時而行，無一定之制。左傳襄公三十年杜預注：「義，從宜也。」論語學而邢昺疏：「於事合宜爲義。」義，指赦令宜行與否之理；事，指行赦令之事。赦令當行與否，須因時宜而定，則有其一定之義，故曰「制，其義」，謂赦令之制即在因時宜而行。其事則須視時宜而行，並無一定之制，故曰「不制，其事」。

〔四〕黄注：易繫辭文。校補：繫辭下「巽以行權」，韓康伯注：「權反經而合道，必合乎巽順而後可以行權也。」孔穎達疏：「巽，順。以既能順時合宜，故可以行權也。」此亦謂赦令之行當順時合宜。「義，制也」，即前文「制，其義」之謂。

〔五〕校補：漢書五行志中顏師古注：「經，常法也。」「無事」，疑當云「事，無制也」，即前文所謂「不制，其事」。謂權者反常道而合時宜，其事則無定制。

〔六〕校補：易繫辭上韓康伯注：「兆見曰象。」此問行大赦之令，其徵象何如。按繫辭下：「是故易者（按此「易」指卦象），象也。象也者，像也。」下文即取譬易之卦象以答之。

〔七〕校補：易无妄六三「无妄之災」，釋文：「馬、鄭、王肅皆云：『妄猶望，謂无所希望也。』」漢書谷永傳「遭无妄之卦運」，顏師古注引應劭曰：「无妄者，無所望也。」又後漢書西羌傳「而遭元元無妄之災」，李賢注亦引應劭說。蓋漢人説易如此。「無妄」謂未曾望，即意所未料。「無妄之災」，不測之災也。易大過「大過，棟撓」，象曰：「棟撓，本末弱也」，孔穎達疏：「棟撓者，謂屋棟也，本之與末俱撓弱，以言衰亂之世始終皆弱也。」「大過」，喻衰亂之世。按舉「無妄」、「大過」，謂遭不測之災變而行大赦，爲亂世之象，故下文曰「不得已而行之，禁其屢也」。

〔八〕黄注：初平元年春正月，山東州郡起兵以討董卓，辛亥大赦天下。二年春正月辛丑大赦天下。三年春正月丁丑大赦天下。五月丁酉大赦天下。卓誅部將李傕等六月陷長安，己未大赦天下。四年春丁卯大赦天下。興平元年春正月辛酉大赦天下。二年春正月癸丑大赦天下。建安元年春正月癸酉郊祀上帝於安邑，大赦天下。丁丑郊祀上帝，大赦天下。初平至此，凡七年而大赦者十，可謂數甚，故悦以此規之。校補：注「五月丁酉」，「丁」原作「下」，據程本、四庫本、龍谿精舍本改。又注「卓誅部將」，「誅」字當衍。李傕等反卓，陷長安，見後漢書孝獻帝紀初平三年六月。書益稷僞孔傳：「屢，數也。」屢謂頻數、屢次。謂宜禁頻行大赦之令。

〔九〕黄注：既曰權宜，著非常典。此一首所謂禁數赦令也。盧校：「曰權」下，舊本又有一「曰」字，係誤衍。校補：各本「曰權」下皆有「曰」字，盧校「曰」字衍，近是。注云「既曰權宜」，是黄氏所見本「權」下亦無「曰」字。謂大赦既是權宜，不得已而行之，則亦不當禁絶，唯不可濫行。上文曰：「不得已而行之，禁其屢也。」

尚主之制，非古也〔一〕。釐降二女，陶唐之典〔二〕；歸妹元吉，帝乙之訓〔三〕；王姬歸齊，宗周之禮〔四〕。以陰乘陽，違天；以婦淩夫，違人〔五〕。違天不祥，違人不義〔六〕。

〔一〕校補：後漢書樊儵傳「女可以配王，男可以尚主」，尚主謂娶公主爲妻。資治通鑑一「魏相公叔尚主」，胡三省注：「毛晃曰：尚，崇也，高也，貴也，飾也，加也，尊也。娶公主謂之尚，言帝王之女尊而尚之，不敢言娶也。」按下文黄注謂悦此首所論，乃復述其叔父爽延熹九年對策所陳，是也。爽對策見後漢書爽傳。

〔二〕黄注：堯典曰：「釐降二女於嬀汭，嬪於虞。」校補：漢書古今人表上「帝堯陶唐氏」，陶唐即堯。書堯典僞孔傳：「降，下。嬪，婦也。舜爲匹夫，能以義理下帝女之心於所居嬀水之汭，使行婦道於虞氏。」釋文：「虞，氏；舜，名也。水之隈曲曰汭。」按釐通賚，詩商頌烈祖毛傳：「賚，賜也。」爽對策曰：「言雖帝堯之女，下嫁於虞，猶屈體降下，勤修婦道。」

〔三〕黄注：易泰九五曰：「帝乙歸妹，以祉元吉。」校補：泰王弼注：「婦人謂嫁曰歸。」周易集解引虞翻曰：「帝乙，紂父。」爽對策曰：「言湯以娶禮歸其妹於諸侯也。」按爽謂帝乙爲湯，與虞翻説爲紂父異。帝乙爲帝辛父，辛即紂也，見史記殷本紀，虞説是。

〔四〕黄注：詩序曰：「雖則王姬，亦下嫁于諸侯。」校補：爽對策曰：「春秋之義，王姬嫁齊，使魯主之，不以天子之尊加於諸侯也。」按以上舉堯降二女、帝乙歸妹、王姬歸齊，皆言位尊者以婦道下嫁，以證尚主之制爲古所無。

〔五〕錢校：治要「禮」下、「天」下、「人」下並有「也」字。校補：國語周語中韋昭注：「乘，陵也。」陵、淩通，侵淩也。天，天道。人，人倫。

〔六〕黄注：悦之叔父荀爽於延熹九年對策陳便宜，以漢承秦法，設尚主之儀，以妻制夫，以卑臨尊，違乾坤之道，失陽唱之義，宜改尚主之制。今悦復以爲言，殆其家門素所商講者乎？此一首所謂正尚主之制也。

古者天子、諸侯有事，必告于廟〔一〕。朝有二史，左史記言，右史記動〔二〕。動爲春秋〔三〕，言爲尚書〔四〕。君舉必記，臧否成敗無不存焉〔五〕。下及士庶，苟有茂異，咸在載籍〔六〕。或欲顯而不得，或欲隱而名章〔七〕。得失一朝，而榮辱千載〔八〕。善人勸焉，淫人懼焉〔九〕。故先王重之，以副賞罰，以輔法教〔一〇〕。宜於今者官以其方，各書其事，歲盡則集之於尚書〔一一〕。各備史官，使掌其典〔一二〕。不書詭常〔一三〕，爲善惡則書，言行足以爲法式則書〔一四〕，立功事則書，兵戎動衆則書，四夷朝獻則書〔一五〕，皇后、貴人、太子拜立則書〔一六〕，公主、大臣拜免則書，福淫禍亂則書〔一七〕，祥瑞災異則書。先帝故事，有起居注〔二八〕，日用動静之節必書焉〔二九〕，宜復其式〔三〇〕。内史掌之，以紀内事〔三一〕。

〔一〕校補：廟，祖廟也。左傳桓公二年「凡公行，告於宗廟」，孔穎達疏曰：「凡公行者，或朝，或會，或盟，或伐，皆是也。」後漢書光武帝紀下：建武十六年「夏四月戊申，以太牢告祠宗廟。丁巳，使大司空融告廟，封皇子輔爲右翊公」。又明帝紀：「太常擇吉日策告宗廟，其賜天下男子爵人二級。」是漢時天子有公事亦告於廟。

〔二〕黄注：按漢書（「動」）作「事」字。玉藻曰：「卒食，玄端而居，動則左史書之，言則右史書之。」錢校：「記動」，本傳作「書事」。治要作「右史記事，左史記言」。校補：「朝有二史」，治要無「朝」字。按「記動」、「記事」、「書事」義同，皆謂記天子、諸侯之行事。據禮記玉藻，則記言者爲右史，記行者爲左史，與悦言正相反。

〔三〕黄注：春秋記事。

〔四〕黄注：尚書記言。校補：玉藻鄭玄注：「其書，春秋、尚書其存者。」春秋經編年記事。書之典謨、訓誥、誓命之文，皆記言也。

〔五〕黄注：按漢書（「臧否」）作「善惡」。校補：舉，舉動。周禮地官師氏鄭玄注：「舉，猶行也。」説文臣部：「臧，善也。」否音並鄙切。易鼎釋文：「否，惡也。」臧否即善惡。存，記而存之。

〔六〕錢校：（「苟有茂異」）原作「等各有異」，據治要改，與本傳合。北堂書鈔五十五引亦同。校補：按錢校是，黄注校本傳同，今據改。禮記禮運孔穎達疏引辨名記曰：「倍人曰茂。」謂才倍於人曰茂。漢紀十四：「其令州郡察吏民有茂才異等，可爲將相及使絶國者，以聞。」「茂異」即茂才異等。謂下及士人庶民，苟有才德異常者，皆書於載籍。

〔七〕黄注：紀以至公。校補：章通彰。既載在籍，實書其事，則無善而欲顯其名者，名不可得；有惡而欲隱之者，其名已彰。

〔八〕校補：朝音陟遥切，「朝夕」之「朝」。一朝之功過，見之載記，則榮辱傳之千年。

〔九〕校補：御覽二百三十五引「淫」作「悖」。國語晉語七韋昭注：「淫，邪也。」

〔一〇〕錢校：「副」，原作「嗣」，據治要改，與書鈔、御覽引合。以上（「以副賞罰，以輔法教」）二句，本傳作「以助賞罰，以弘法教」。校補：按今據治要改。「重之」，「之」指史官記事記言。漢書禮樂志顔師古注：「副，稱也。」功過明見載記，則賞罰與之相稱，可以輔法令、教化之行。

〔一一〕校補：上三句，原作「宜於今者官以其日，各書其盡，則集之於尚書」，本傳作「宜於今者備置史官，掌其典文，紀其行事，每於歲盡，舉之尚書」。黄注引本傳之文，謂本書上下必有脱誤。今按治要作「宜於今者官以其方，各書其事，歲盡則集之於尚書」，義長，兹從治要改。錢校作「宜於今者備置史官，官以其日，各書其事，歲盡則集之於尚書」，乃參用本書及本傳、治要三者斟酌改定，非各本之原也，今不從。廣雅釋詁：「方，類也。」「宜於今者官以其方，各書其事」者，謂百官所職不同類，今宜各據其職而書其事也。「歲盡則集之於尚書」者，謂歲末則匯總於尚書也。尚書掌各部文書，成帝時分四曹，光武帝又擴爲六曹，見後漢書百官志三。

〔一二〕校補：上二句，原作「若史官使掌典其事」一句，今據治要改。錢校作「史掌典文，紀其行事」。蓋錢所校上文已有「備置史官」句，若據治要作「各備史官」，則與上義複，故以意改定，而與原文、治要均不合矣。「各備史官，使掌其典」者，説文丌部：「典，從册在丌上（按丌象几案）。」典本義爲簡册。謂各部置史官，掌管記事之簡册。

〔一三〕校補：淮南子主術「詭自然之性」，高誘注：「詭，違也。」謂反常荒誕之事則不書。

〔一四〕校補：老子二十八章「爲天下式」，王弼注：「式，模則也。」法式猶準則。

〔一五〕校補：朝獻，朝覲天子以貢獻方物。漢書高帝紀下：「吏或多賦以爲獻，而諸侯王尤多，民疾之。」顏師古注：「諸侯王賦其國中，以爲獻物，又多於郡，故百姓疾苦之。」是獻謂貢獻天子一方之物。

〔一六〕黄注：光武置貴人，爲三夫人。校補：後漢書皇后紀上：「及光武中興，斲彫爲朴，六宫稱號，唯皇后、貴人。」「拜立」連文，拜亦立也。凡授予爵位、封號、官職皆曰拜。史記秦始皇本紀「百姓内粟千石（按内同納），拜爵一級」，又項羽本紀「拜梁爲楚王上柱國」，又呂后本紀「君今請拜呂台、呂産、呂禄爲將」，又封禪書「文帝乃召公孫臣，拜爲博士」，漢書高帝紀下「拜婁敬爲奉春君」，又成帝紀「拜河東都尉趙護爲廣漢太守」，又食貨志下「初式不願爲官，上强拜之」，後漢書皇后紀下曹操進三女憲、節、華，「十九年，並拜爲貴人」，拜皆謂授予。下文「公主、大臣拜免則書」，「拜免」，授予與罷免也。

〔一七〕校補：按「福淫」與「禍亂」對，「淫」字疑誤。此謂禍福皆記之。

〔一八〕黄注：漢時有禁中起居，故明德馬皇后自撰顯宗起居注。校補：漢書哀帝紀「其出媵妾，皆歸家得嫁，如孝文時故事」，又郊祀志五下「是時美陽得鼎獻之，下有司議，多以爲宜薦見宗廟，如元鼎時故事」，「故事」謂舊例。通典二十一：「周官有左右史，記其言、事，蓋今起居之本。漢武帝有禁中起居，後漢馬皇后撰明帝起居注，則漢起居似在宫中爲女史之任。又王莽時置柱下五史，秩如御史，聽事侍傍，記其言行，此又起居之職。自魏至晉，起居注則著作掌之。其後起居皆近侍之臣録記，録其言行與其動伐，歷代有其職而無其官。後魏始置其起居令。」舊唐書經籍志上：「五曰起居注，以紀人君言動。」

〔一九〕校補：謂日常起居作息之事項必記載。戰國策秦策三鮑彪注：「節，事也。」按節謂事項。

〔二〇〕校補：「宜復其式」，承上文「先帝故事，有起居注」言。謂宜恢復先帝舊例，復行起居注。

〔二一〕黄注：此一首所謂復内外注記者也。校補：漢無專掌起居注之官職，見前注引通典。悦立議由内史掌之也。國語晉語八「内事之邪」，韋昭注：「内，朝内也。」

俗嫌第三

或問卜筮〔一〕。曰：「德斯益，否斯損〔二〕。」曰：「何謂也？」「吉而濟，凶而救之，謂益。吉而恃，凶而怠之，謂損〔三〕。」

〔一〕校補：詩衛風氓毛傳：「龜曰卜，蓍曰筮。」蓍，占卦之蓍草。

〔二〕校補：謂卜筮之事，有德者受益，否則有損。

〔三〕黄注：吉、凶，謂兆數之所值。言修德則足以協吉而消凶，否則反是。校補：爾雅釋言：「濟，成也，益也。」言卜問遇吉兆則助成之，遇凶兆則救止之，斯謂之益。遇吉則恃賴之，遇凶則怠慢之，斯謂之損。按此謂吉凶與否須待人事，不盡人事則吉不驗而凶不止，卜筮亦無益也。

或問日時羣忌〔一〕。曰：「此天地之數也，非吉凶所生也〔二〕。東方主生，死者不鮮；西方主殺，生者不寡；南方火也，居之不燋〔三〕；北方水也，蹈之不沈〔四〕。故甲子昧爽，殷滅周興〔五〕；咸陽之地，秦亡漢隆〔六〕。」

〔一〕盧校：「日」字舊本作「曰」，誤。校補：錢校據盧校改「日」。按龍谿精舍本作「日」，今據改。

吕氏春秋召類：「羣者，衆也。」羣即羣衆，荀子勸學「羣衆不能移也」。「日時羣忌」，謂日期、時辰等民衆忌諱。

〔二〕校補：管子法法尹知章注：「數，理也。」謂時日等乃天地運行自然之理，非因吉凶而生。

〔三〕校補：慧琳一切經音義七十四引廣雅云：「燋，傷火也。」

〔四〕黄注：漢時俗有方忌，如西益宅謂之不祥，必有死亡。商家門不宜南向、徵家門不宜北向之類是也。校補：説文足部：「蹈，踐也。」言踏其地而不沉溺。按墨子貴義：「子墨子北之齊，遇日者。日者曰：『帝以今日殺黑龍於北方，而先生之色黑，不可以北。』子墨子不聽，遂北，至淄水，不遂而反焉。日者曰：『我謂先生不可以北。』子墨子曰：『南之人不得北，北之人不得南，其色有黑者，有白者，何故皆不遂也？且帝以甲乙殺青龍於東方，以丙丁殺赤龍於南方，以庚辛殺白龍於西方，以壬癸殺黑龍於北方，若用子之言，則是禁天下之行者也。』」悦此論與墨子之意同。

〔五〕黄注：武成曰：「甲子昧爽，受率其旅若林，會于牧野，罔有敵於我師，前徒倒戈，攻於後以北，血流漂杵，一戎衣，天下大定。」所謂殷以甲子滅，周以甲子興也。言支干不足忌矣。校補：書武成乃魏晉之際所出僞古文，悦無由據以爲説。武王於甲子日昧爽伐紂，見書牧誓、史記周本紀。牧誓僞孔傳云：「昧，冥。爽，明。早旦。」昧爽即黎明。

〔六〕黃注：秦都關中，二世而亡。漢遷長安，歷年四百。言相地家不足信矣。校補：咸陽爲秦始皇所都，漢高祖初都洛陽，後遷都咸陽，建新城，名長安，見史記高祖本紀。

或問：「五三之位，周應也〔一〕。龍虎之會，晉祥也〔二〕。」曰：「官府設陳，富貴者值之，布衣寓焉，不符其爵也。獄犴若居，有罪者觸之，貞良入焉，不受其罰也〔三〕。」或曰：「然則日月可廢歟？」曰：「否。曰元辰，先王所用也〔四〕。人承天地，故動靜焉順〔五〕。順其陰陽，順其日辰，順其度數〔六〕。內有順實，外有順文。文、實順，理也，休徵之符自然應也〔七〕。故盜泉、朝歌，孔、墨不由〔八〕。惡其名者，順其心也〔九〕。苟無其實，徼福於忌，斯成難也〔一〇〕。」

〔一〕黃注：五三，五星三辰。辰星、熒惑、太白、歲星、填星、日、月、斗也。志所謂周師初發，歲在鶉火，日在析木，月在天駟，辰在斗柄，星在天黿是也。春秋元命苞曰：「殷紂之時，五星聚於房。房者，蒼神之精，周據而興。」校補：按注引志（志者，載記），見國語周語下。「五三之位」，即國語周語下伶州鳩答周景王所云「五位三所」，乃天象應周之興者。詩大雅大明孔穎達疏：

「歲、月、日、辰、星五者各有位(按歲，歲星。辰，日月交會處。星，辰星)，謂之『五位』。星、日、辰在北，歲在南，月在東，居三處，故言『三所』。此事在於外傳(按外傳即春秋外傳，亦即國語)，周語伶州鳩曰：『昔武王伐殷，歲在鶉火，月在天駟，日在析木之津，辰在斗柄，星在天黿。星與日、辰之位皆在北維。』」黄注以「五星三辰」釋「五三」，則並水、木、金、火、土五星及日、月、斗統言之，似非。

〔三〕黄注：(「龍虎」)「虎」當作「尾」。晉獻公問於卜偃曰：「攻虢何月也？」曰：「童謡有之，曰：『丙之晨，龍尾伏辰，均服振振，取虢之旂。鶉之賁賁，天策焞焞，火中成軍，虢公其奔。』火中而旦，其九月十月之交乎？」韋氏解曰：「丙，丙子。晨，蚤朝也。龍尾，尾星也。伏，隱也。辰，日月之交會也。魯僖五年冬，周十二月、夏十月丙子朔之朝，日在尾，月在天策也。伏辰，辰在龍尾，隱而未見也。鶉，鶉火，鳥星也。賁賁，鶉火星貌也。天策，尾上一星名曰天策，一名傅説。焞焞，近日月之貌也。火，鶉火也。中，晨中也。成軍，軍有成功也。傳曰：『冬十二月丙子朔，晉滅虢，虢公醜奔京師。』」校補：龍尾之會，謂日月交會於尾星，應晉之祥。尾，星宿名，亦稱龍尾，見上國語晉語二韋昭注。又楚語下「日月會于龍豵」，韋昭注：「豵，龍尾也。謂周十二月，夏十月也，日月合辰于尾上。」

〔三〕黄注：布衣，無位者。貞良，無罪者。言布衣而寓官府，則爵不符。貞良而入獄犴，則罰不受。以喻周應、晉祥惟武王、獻公能當之也。校補：注「獻公能當之也」，「獻」，原誤「獄」，據程本、四庫本、龍谿精舍本改。「官府設陳」四句，儀禮喪服記賈公彦疏：「爵者，位次高下之稱也。」謂官府之設，富貴者居之則當，平民居之則不符其位。「獄犴若居」四句，荀子宥坐「獄犴不治」，楊倞注：「犴，亦獄也。」謂牢獄亦如室居，唯有罪者遭觸之，善人入之亦不受罰。按此以官府、牢獄爲喻，謂天象之嘉應，唯有德者當之，無德反得不祥。上文所謂「甲子昧爽，殷滅周興；咸陽之地，秦亡漢隆」是也。

〔四〕黄注：辰，謂日月所會，自玄枵至星紀是也。周禮馮相氏掌十有二歲，十有二月，十有二辰。錢校：句有誤。拾補改作「曰：否。元日元辰，先王所用也」。按注云「辰，謂日月所會」云云，似所見本祇有「元辰」，盧增改「元日」二字，亦未安。疑原文當作「曰：否。元辰，先王所用也」，僅衍下「曰」字耳。禮記月令鄭玄注：「（元辰）吉辰也。」校補：按錢校近是。上文或問「然則日月可廢歟」，謂依悦所言，則日辰月旦皆廢不用乎？故悦答曰「否」，言元辰吉時亦先王所用，唯當順天地之道耳。覿下文，意自明。

〔五〕校補：經傳釋詞：「焉，猶乃也。」謂人承天地而生，故動静乃順天地之道。下所謂「順其陰陽，順其日辰，順其度數」是也。

〔六〕校補：陰陽，謂四季。文選古詩十九首驅車上東門「浩浩陰陽移」，李善注：「神農本草曰：春夏爲陽，秋冬爲陰。」度數，謂日月星辰運行之度數。

〔七〕校補：内，指心。外，指身。淮南子天文高誘注：「文者，象也。」謂形象。漢書平帝紀「休徵嘉應」，顔師古注：「休，美也。」謂心有順道之實，則身有順道之表見。心、身順道，事得理也，則吉善之徵驗自然應我矣。

〔八〕黄注：尸子曰：「孔子過於盜泉，渴矣，而不飲，惡其名也。」劉向曰：「邑號朝歌，墨子回車。」

校補：漢書鄒陽傳：「邑號朝歌，墨子回車。」晉灼曰：「紂作朝歌之音。朝歌者，不時也。」顔師古曰：「朝歌，殷之邑名也。淮南子云：墨子非樂。不入朝歌。」按晉灼注謂「不時」者，讀朝爲「朝夕」之朝。其名「朝歌」，朝旦即歌弦作樂，故謂非時。不由，不經由其地。論語爲政何晏集解：「由，經也。」

〔九〕校補：謂順其順道之心。

〔一〇〕校補：吕氏春秋順民高誘注：「徼，求。」説文心部：「忌，憎惡也。」成、誠同聲相通。苟心無順道之實，而求福以避所惡之事，則誠難矣。

或曰：「祈請者，誠以接神，自然應也〔一〕。故精以底之〔二〕，犧牲、玉帛以昭祈請〔三〕，吉朔以通之〔四〕。」「禮云禮云，玉帛云乎哉〔五〕？請云祈云，酒膳云乎哉〔六〕？非其禮則或愆，非其請則不應〔七〕。」

〔一〕黄注：祈請，求禱也，如祈年、祈子孫、請雨、請福之類。周禮太祝：「掌六祈，以同鬼、神、示。」校補：注「太祝」，原誤「太提」，據程本、四庫本、龍谿精舍本改。「太」，周禮春官作「大」，字同。説文手部：「接，交也。」謂祈禱者，以精誠交通於神，神自然應之。

〔二〕校補：謂精意致禱於神。國語周語上「精意以享」，「精」即精意，誠意也。左傳昭公三十年杜預注：「底，致也。」

〔三〕校補：漢書禮樂志顔師古注：「犧牲，牛羊全體者也。」犧牲即祭祀所用之全牲。廣雅釋詁：「昭，明也。」謂用犧牲、玉帛以明祈請之誠。

〔四〕校補：吉朔，月之初一。玉篇月部：「朔，月一日也。」周禮天官大宰「正月之吉」，鄭玄注：「吉，謂朔日。」詩小雅小明「二月初吉」，孔穎達疏「以言『初』而又『吉』，故知朔日也。君子舉事尚早，故以朔爲吉」。通之，交通於神也。按：自「或曰」至此，凡三十一字，盧校據北堂書鈔九十改爲：「或問神何以格？曰：『一誠所感，自然神應。故精神以底之，犧牲玉帛以昭之，禱祈告訴以通之。』」今按盧所據爲明本書鈔。孔廣陶校未改本書鈔作「或問祈請。曰：『誠以接神，自然應也。故精神以底之，犧牲玉帛以昭之，告訴以通之也。』」文又不同。錢校云：「類書引古，容有删節，姑仍原本，未敢輒改。」按如依書鈔，則自「誠以接神」云云以下，皆由或曰之語轉爲悦答或問之語矣。然下文曰「禮云禮云，玉帛云乎哉」云云，與上文「犧牲玉帛以昭祈請」義正相反，若同爲悦之答語，豈前後之言自相牴牾耶？是不可據書鈔徑改。錢不從盧校，是也。

〔五〕校補：論語陽貨：「子曰：禮云禮云，玉帛云乎哉？」集解引鄭玄注：「玉，圭璋之屬。帛，束帛之屬。言禮非但崇此玉帛而已。」按謂玉帛爲行禮之所用，非禮之謂也。「云」、「云乎」皆語助，無實義，見經傳釋詞。

〔六〕校補：禮記玉藻鄭玄注：「膳，美食也。」謂祈禱神明，非謂但供佳釀美食。以上四句，答或曰「犧牲、玉帛以昭祈請」。

〔七〕校補：或通惑。詩大雅假樂「不愆不忘」，鄭玄箋：「愆，過也。」或愆，猶言迷誤。按本書時事云：「簡小忌，去淫祀。」此蓋亦指濫祭不合禮制，所謂「淫祀」也。謂禮非其制，行之則迷誤。請非所當，神亦不應。

或問：「祈請可否？」曰：「氣、物應感則可，性命自然則否〔一〕。」

〔一〕黄注：應感，如土龍致雨之類。校補：氣，謂天地之氣。左傳昭公元年「天有六氣」，杜預注：「謂陰陽風雨晦明也。」史記曆書「建氣、物分數」，集解引孟康曰：「氣，二十四氣。物，萬物也。」周禮考工記序：「橘踰淮而北爲枳，鸜鵒不踰濟，貉踰汶則死，此地氣然也。」謂天地之節氣與物感應，祈請之則可。性命有自然之定數，不可祈請也。

或問：「避疾厄，有諸〔一〕？」曰：「夫疾厄何爲者也，非身則神〔二〕，身不可避〔三〕，神不可逃〔四〕，可避非身，可逃非神也〔五〕。持身隨天，萬里不逸〔六〕。譬諸孺子，掩目巨夫之掖，而曰逃，可乎〔七〕？」

〔一〕校補：文選答魏子悌六臣注引呂向曰：「厄，難也。」疾厄，疾病、災難。經傳釋詞：「諸，之乎也。」按「諸」即「之乎」之合音。凡言「有諸」者，猶言「有之乎」也。

〔二〕校補：「何爲」，爲讀平聲。淮南子原道高誘注：「神，精神也。」謂疾病、災難何所爲耶？非害身形即傷精神也。此二語乃起下文「身不可避，神不可逃」。

〔三〕黄注：身寓宇宙，避將焉之？

〔四〕黄注：神寓形骸，逃將焉之？校補：避、逃，謂逃避疾厄。

〔五〕校補：可避疾厄者，在盡人事耳。按荀子天論：「彊本而節用則天不能貧（按彊、强古今字。楊倞注：本謂農桑），養備而動時則天不能病（楊倞注：養備謂使人衣食足，動時謂勸人勤力不失時），脩道而不貳則天不能禍（楊倞注：「貳即倍也。」按倍同背）。故水旱不能使之飢渴，寒暑不能使之疾，祆怪不能使之凶（按祆同妖）。本荒而用侈，則天不能使之富。養略而動罕，則天不能使之全（楊倞注：略，減少也）。倍道而妄行，則天不能使之吉。故水旱未至而飢，寒暑未薄而疾（楊倞注：薄，迫也），祆怪未至而凶，受時與治世同，而殃禍與治世異，不可以怨天，其道然也（楊倞注：非天降災，人自使然）。」悦之言正可以荀子之言詮釋之。其意謂事在人爲，不盡人事，及至疫病災難已降，乃祈禱以避之，身與神豈可逃乎？

〔六〕校補：淮南子脩務「隨山刊木」，高誘注：「隨，循也。」玉篇兔部：「逸，逃也。」「天」，貫下「萬里」言之，謂天下、海内。言持一身循行天下萬里，不可逃避之。

〔七〕校補：掖、腋古今字。童子躲於巨人之腋下而掩己之目，自以爲不見而能避之，可謂逃乎？按此喻類似西諺之「鴕鳥政策（ostrich policy）」。

或問人形有相。曰：「蓋有之焉。夫神氣、形容之相包也，自然矣〔一〕。貳之於行，參之於時。相成也，亦參相敗也〔二〕。其數衆矣，其變多矣，亦有上中下品云爾〔三〕。」

〔一〕校補：說文謂女子妊娠曰包，引申之謂包藏、包含。漢書外戚傳上顏師古注引晉灼曰：「包，藏也。」此謂人之神態、形貌相應，二者互爲包容，乃自然之理。按神態本於心念，此蓋謂人之內心與外貌相應。

〔二〕黄注：行，謂修德、爲邪。時，謂亨期、厄會。所以應人骨體之善惡者。校補：廣雅釋言：「參，三也。」貳之、參之，謂與之并列成二、成三。「之」，指人相。謂人之形相與行事二者相應，形相、行事與時機三者相應。「相成也」、「相」上亦當有「參」字，「參相成」與下「參相敗」一律。言三者相助成，亦相傷敗也。按悦之意，謂人之相，其品之善惡與行事相輔，其吉凶成敗與時機相應。如或修德或爲邪，則有於中而形之於外，其相之善惡自不同，而其成敗亦待時機而應，故曰人之形相「貳之於行」、「參之於時」也。

〔三〕校補：謂人相之不同，其類多，變化亦多，其品亦分上中下。「云爾」，語末助詞。助字辨略：「云爾，絶語之辭。」

或問神僊之術〔一〕。曰：「誕哉，末之也已矣〔二〕。聖人弗學，非惡生也〔三〕。終始，運也〔四〕；短長，數也〔五〕。運數非人力之爲也〔六〕。」曰：「亦有僊人乎？」曰：

「僬僥、桂莽産乎異俗〔七〕，就有僊人，亦殊類矣〔八〕。」

〔一〕校補：「術」，原从「行」，从「青」，不成字，據程本、王本、四庫本、龍谿精舍本改。僊、仙古今字。神仙之術，指道家修煉成仙、長生不老之術。

〔二〕黄注：言名生實死，誕妄不足信也。校補：公羊傳隱公六年何休注：「末，無也。」

〔三〕黄注：揚雄曰：「聖人不師僊。」校補：謂聖人不學神仙之術，非不樂生，以其術荒誕不經耳。

〔四〕黄注：終，死。始，生。易繫辭曰：「原始反終，故知死生之説。」揚雄曰：「有生者必有死，有始者必有終，自然之道也。」校補：「運」與下句「數」互文，皆謂天運、命數，自然之理勢也。

〔五〕黄注：短長，謂年之夭壽。

〔六〕校補：運數在天，自然之道，非人力爲之者。

〔七〕黄注：海外南經：「僬僥國在三首國東。」外傳云：「僬僥民長三尺，短之至也。」詩含神霧曰：「從中州以東，西四十萬里，得僬僥國，人長一尺五寸也。」大荒南經：「有小人名曰僬僥之國。」史記：「仲尼曰：僬僥氏三尺，短之至也。」校補：按：桂莽未詳，疑本作「枉莽」。「枉莽」即「汪芒」也。枉、汪同聲，芒、莽並隸陽部明紐字，古音皆相通。淮南子精神「芒然仿佯於塵垢之外」，高誘注：「芒讀王莽之莽。」是其證。「枉」譌爲「桂」，遂作「桂莽」矣。汪芒即大人國。國語魯語下：「仲尼曰：汪芒氏之君也，守封嵎之山者也，爲漆姓。在虞、夏、商爲汪芒氏，於周爲長狄，今爲大人。」異俗，謂異俗之地。

〔八〕校補：「僊」，程本、四庫本作「仙」，今字。殊類，非我族類。異域即有仙人，亦非我中土族類。

或問：「有數百歲人乎？」曰：「力稱烏獲〔一〕，捷言羌亥〔二〕，勇期賁、育〔三〕，聖云仲尼，壽稱彭祖〔四〕，物有俊傑，不可誣也〔五〕。」

〔一〕黄注：烏獲，秦武王力士。

〔二〕黄注：「羌亥」，疑「豎亥」之誤。盧校：案羌，古與「慶」同音，此謂慶忌也。亥，謂章、亥。校補：按慶忌以勇聞，不以捷足名。且以一「亥」字指稱豎亥則可，指稱大章、豎亥兩人則不可也。黄校近是。淮南子墬形高誘注：「豎亥，善行人，禹臣也。」

〔三〕黄注：孟賁，齊人，能生拔牛角。夏育，衛人。校補：莊子寓言「以期耆年」，郭象注：「期，待也。」史記范睢蔡澤列傳集解引漢書音義：「夏育，衛人，力舉千鈞。」

〔四〕黄注：以四者況壽，言壽中俊傑有彭祖也。列仙傳：「彭祖者，殷大夫，姓籛名鏗，帝顓頊之孫，陸終氏之中子，歷夏至殷末八百餘歲，常食桂芝，善導引行氣。」

〔五〕校補：玉篇牛部：「物，事也。」慧琳一切經音義六引考聲云：「誣，枉也。」俊傑，指善其事者。

謂凡事皆有善爲之者，不可誣枉其無。

或問：「凡壽者必有道，非習之功。」曰：「夫惟壽，則惟能用道。惟能用道，則性壽矣〔一〕。苟非其性也，脩不至也〔二〕。學必至聖，可以盡性；壽必用道，所以盡命。」

〔一〕錢校：（「則惟能用道」、「惟能用道」）二「惟」字疑並當作「性」。校補：錢説未允，此唯「則性壽矣」句之「性」當作「命」。下云「壽必用道，所以盡命」，故此云「惟能用道，則命壽矣」。今本作「則性壽矣」者，乃涉下句「苟非其性也」而誤。説文老部：「壽，久也。」今按性、命之義，有通言、對言之别。通言之，性亦猶命也。左傳昭公八年：「民力彫盡，怨讟並作（按讟亦怨），莫保其性。」杜預注：「性，命也。」漢書公孫賀劉屈氂等傳：「處非其位，行非其道，果隕其性，以及厥宗。」顔師古注：「性，生也。」本篇後文云「仁者内不傷性，外不傷物」，「内不傷性」即不傷己身命。此皆通言之也。對言之，性謂天性、秉賦，命謂壽命、天年。荀子正名：「生之所以然者，謂之性。」春秋繁露深察名號：「如其生之自然之資，謂之性。」禮記樂記「則性命不同矣」，鄭玄注：「性之言生也。命，生之長短也。」孔穎達疏：「性，生也，各有嗜好謂之爲性也。命者，長短夭壽也。」此對言之也。本節末曰：「學必至聖，可以盡性；壽必用道，所以盡命。」謂學必至乎聖人之境，而後可盡其秉性之用；壽必用其養生之道，而後可盡其天年之終。乃以性、命對言。

〔三〕校補：養生有道，命不夭折，故命能壽。然秉性有善惡，賴修學以得其正。「苟非其性也，脩不至也」，謂若性不得其正，乃修習未至也。故下總之曰「學必至聖，可以盡性；壽必用道，所以盡命」。

或曰：「人有自變化而僊者，信乎？」曰：「未之前聞也。然則異也〔一〕，非僊也。男化爲女者有矣，死人復生者有矣〔二〕。夫豈人之性哉，氣數不存焉〔三〕。」

〔一〕黄注：異謂怪異。

〔二〕黄注：獻帝興平七年，越巂男子化爲女子。四年，武陵女子死十四日，復活。續漢志曰：「女子李娥，年六十餘死，瘞於城中。有行人聞冢中有聲，告家人，出之。」此二事悦在興平中所親聞見者。校補：注「興平七年」，「興平」，當作「建安」，見後漢書孝獻帝紀。下「興平」校同。按獻帝興平二年改元建安。又注「瘞於城中」，「城中」，當作「城外」，見續漢書五行志五。

〔三〕校補：氣數即命運，見前「或問神僊之術」一節注。經傳釋詞：「夫，指事之詞也。」夫，指化爲仙之事。謂自化爲仙豈爲人之秉性哉，此人之命運所無之事也。

或問曰：「有養性乎〔一〕？」曰：「養性秉中和，守之以生而已〔二〕。愛親、愛德、愛力、愛神之謂嗇〔三〕。否則不宣，過則不澹〔四〕，故君子節宣其氣，勿使有所壅閉滯底，昏亂百度則生疾〔五〕。故喜怒、哀樂、思慮必得其中，所以養神也。寒暄、虛盈、消息必得其中，所以養體也〔六〕。善治氣者，由禹之治水也〔七〕。若夫導引蓄氣〔八〕，歷藏內視〔九〕，過則失中，可以治疾，皆非養性之聖術也〔一〇〕。夫屈者以乎申也，蓄者以乎虛也，內者以乎外也〔一一〕。氣宜宣而遏之，體宜調而矯之，神宜平而抑之，必有失和者矣〔一二〕。夫善養性者無常術，得其和而已矣〔一三〕。」「鄰臍二寸謂之關〔一四〕，關者，所以關藏呼吸之氣，以稟授四體也〔一五〕。故氣長者以關息，氣短者其息稍升，其脉稍促，其神稍越，至於以肩息而氣舒〔一六〕。其神稍專，至於以關息而氣衍矣〔一七〕。故道者常致氣於關，是謂要術。」「凡陽氣生養，陰氣消殺。和喜之徒，其氣陽也，故養性者崇其陽而絀其陰〔一八〕。陽極則亢〔一九〕，陰極則凝，亢則有悔，凝則有凶。夫物不能爲春，故候天春而生。人則不然，存吾春而已矣〔二〇〕。藥者，療也〔二一〕，所以治疾也。無疾，則勿藥可也。肉不勝食氣，況於藥乎〔二二〕？寒斯熱，熱則致滯陰〔二三〕。藥之用也，唯適其宜則不爲害。若已氣平也，則必有傷。唯鍼火亦如之〔二四〕。故養性者不多服也，唯在乎節之而已矣〔二五〕。」

〔一〕校補：養性即養生。抱朴子内篇地真：「然長生養性辟死者（按辟通避），亦未有不始于勤而終成於久視也（按久視謂長壽）。」又至理：「服藥雖爲長生之本，若能兼行氣者其益甚速，若不能得藥，但行氣而盡其理者，亦得數百歲。」此問「養性」，指道家行氣服藥、長生久視之術。故下文悦之答先舉儒家中和養性之説，繼言道家養性之術失中和。

〔二〕校補：言養生者但秉持中和，守中和以生存而已。按「中和」謂適中調和，亦即中庸。儒家所謂中庸、中和、中行、中道，皆謂不偏不倚、無過無不及，或言其道，或言其行，或言其用，或言其功，名有異耳。養生之中和，則謂調節七情六慾，使血氣平和。禮記中庸：「喜怒哀樂之未發謂之中，發而皆中節謂之和。」春秋繁露循天之道引公孫之養氣曰：「裹藏泰實則氣不通（按藏通臟，泰同太，太實謂血氣過盛），泰虚則氣不足，熱勝則氣□（按蘇輿義證本原文缺字，下同），寒勝則氣□，泰勞則氣不入，泰佚則氣宛至（按義證引盧文弨曰：宛讀爲鬱），怒則氣高，喜則氣散，憂則氣狂，懼則氣懾。凡此十者，氣之害也，而皆生於不中和。」此儒家秉中和以養性之説。

〔三〕黄注：老子：「治人事天莫如嗇。夫惟嗇，是以早復，是謂深根固柢，長生久視之道。」校補：禮記表記鄭玄注：「愛，猶惜也。」淮南子修務「夫鴈順風以愛氣力」，愛即珍惜。親，男女肌膚之親也。莊子天運成玄英疏：「德者，真性也。」愛親，不傷身；愛德，不傷天性。

〔四〕校補：否音並鄙切。易遯釋文引鄭玄注：「否，塞也。」下文黄注訓宣爲散，本左傳昭公元年杜預注，宣即散發。過，謂無節度。淮南子齊俗高誘注：「澹，足也。」澹、贍古今字。「否則不宣」二句，貫下「故君子節宣其氣」爲文，言血氣壅塞則不能散發，宣散無節度則血氣復不足，故下接云「君子節宣其氣」，謂散發之有節度也。

〔五〕黄注：宣，散也。壅，外壅。閉，内閉。底亦滯也，謂血氣集滯也。百度，百事之節。左傳曰：「於是乎節宣其氣，勿使有所壅閉湫底以露其體，兹心不爽，而昏亂百度。今無乃壹之，則生疾矣。」校補：注「於是乎節宣其氣」，「是」原誤「吴」，據程本、四庫本、龍谿精舍本改。左傳昭公元年「於是乎節宣其氣，勿使有所壅閉湫底以露其體」，孔穎達疏曰：「凡人形神有限，不可久用。神久用則竭，形太勞則敝，不可以久勞也；神不用則鈍，形不用則痿，不可以久逸也。固當勞逸更遞，以宣散其氣。」又曰：「壅謂障而不使行，若土壅水也。閉謂塞而不得出，若閉門户也。湫謂氣聚，底謂氣止。四者皆是不散之意也。氣不散則食不消，食不消則食少，食少則肌膚瘦，肌膚瘦則骸骨露也。言人之養身當須宣散其氣，勿使氣有壅閉集滯，以羸露其形骸也。」百度，謂諸事之節度。「昬亂百度」，猶言事事皆亂無節制。

〔六〕校補：廣韻平聲二十二元：「暄，温也。」寒暄，指衣服。虚盈，指飲食。消息，消滅、息長，本謂損益，見時事篇「盤庚遷殷」節注。此「消息」與「寒暄」、「虚盈」並列，蓋指動止言，猶勞逸也。謂衣服、飲食、勞逸必取適中，所以養形體也。

〔七〕校補：「由」，四庫本作「猶」。按由通猶。謂人之血氣須宣暢，猶禹之治水使疏通之也。孟子告子下「禹之治水，水之道也（按道通導）」，孫奭疏：「夫大禹之治水，因水道而疏通，歸於海也。」

〔八〕黄注：内經異法方宜論曰「中央者其治宜導引按蹻」，導引謂摇筋骨、動支節也。校補：「若夫」，猶今言「至於」，轉語之詞也。助字辨略：「若夫，相及而殊上事之辭。」按上文悦之所言，皆儒家中和養性之説。此下「導引蓄氣」云云，乃轉論道家養性之術不符中和之道。「導引」者，道家引體導氣之術。莊子刻意：「吹呴呼吸，吐故納新，熊經鳥申（按申同伸），爲壽而已矣。此道引之士，養形之人。」「道引」即「導引」。釋文引李頤云：「導氣令和，引體令柔。」蓋呼吸導氣亦伴以肢體屈伸。所謂「熊經鳥申」，即以肢體之屈伸仿動物之動作而稱之。「蓄氣」

者，呼吸之氣聚於臍下丹田，即下文所謂「隣臍二寸謂之關。關者，所以關藏呼吸之氣，以禀授四體也」。抱朴子内篇釋滯：「初學行炁（按炁同氣），鼻中引炁而閉之，陰以心數至一百二十，乃以口微吐之。吐之及引之（按「吐之」據孫星衍校補），皆不欲令己耳聞其炁出入之聲，常令入多出少。以鴻毛著鼻口之上，吐炁而鴻毛不動爲候也。漸自轉增其心數（按心數，默計數），久可以至千，至千則老者更少，日還一日矣。」

〔九〕校補：通志藝文略五有神仙歷藏經一卷，道教書。藏通臟。洞玄靈寶定規經：「内觀心起，若覺一念起，須除滅，務令安静。」注：「慧心内照，名曰内視。」「内視」即「内觀」，謂閉目不視外物，心念專聚於體内。「歷藏内視」，亦道家行氣之術。其法蓋閉目静心，氣聚丹田，心念專聚於内，自眉間始，念肺、念心、念膽、念脾、念腎、念臍、念大小腸，自上而下，逐一歷遍臟腑，見雲笈七籤十八引老子中經上。

〔一〇〕校補：謂行此道家導引蓄氣之術，過之則失中和。可用以療疾，非聖人養性之術也。

〔一一〕黄注：屈謂導引，蓄謂蓄氣，内謂内視。以申有屈，以虚有蓄，以外有内。校補：經傳釋詞：「以，由也。」屈申、蓄虚、内外皆對待而言，由伸而有屈，由虚而有蓄，由外而有内，偏於其一則失中和。

〔一二〕校補：「氣宜宣而遏之」，如抱朴子内篇釋滯所謂「鼻中引炁而閉之」是也。「體宜調而矯之」，如莊子刻意所謂「熊經鳥申」是也。「神宜平而抑之」，如上文所謂「歷藏内視」抑制心念是也。蓋皆偏於蓄、屈、内，而非中和自然之道。

〔一三〕黄注：宣其氣，調其體，平其神，則得其和矣。校補：以上皆悦答或問，以儒家中和説論道家治氣之失。

〔一四〕黄注：黄庭外景經曰：「上有黄庭下關元，後有幽闕前命門，呼吸廬間入丹田。」解云：「關元在臍下三寸，元陽之命在其前，懸精如鏡明照一身，不休是道。」校補：注「後有幽闕前命門」，四庫本「闕」作「關」。按作「闕」是，幽闕指腎，見雲笈七籤十二引黄庭外景經務成子注。又自「隣臍二寸謂之關」云云以下至「是謂要術」一段，乃道家説，與上下文不相貫，當是或問之語，而前有脱誤。又明高濂遵生八牋一引此，而題曰仲長統昌言，未詳其所據。關者，即注引黄庭外景經之「關元」，在臍下三寸，亦即抱朴子内篇地真所謂之「下丹田」，在臍下二寸四分，皆是一事。

〔一五〕黄注：氣出爲呼，氣入爲吸。校補：「關藏呼吸之氣」，即上文所謂「蓄氣」，謂臍下丹田聚氣也。「四體」，四肢。禮記喪大記鄭玄注：「體，手足也。」聚呼吸之氣於體内，使彌漫全身，達於四肢，即所謂「關藏呼吸之氣，以稟授四體」。其術原本先秦道家、神仙家，其流派則今之氣功是。

〔一六〕黄注：莊子曰：「真人之息也以踵，衆人之息以喉。」校補：説文心部：「息，喘也。」息即呼吸。「氣長」，謂氣息深至丹田，即所謂「以關息」。氣短，謂氣息淺，不下至丹田，故曰「息稍升」。「脉稍促」，謂氣息淺者脈息短促也。「神稍越」者，淮南子俶真「精神越於外」，高誘注：「越，散也。」神越即不能專聚心念，如此則氣不能聚於丹田也。「以肩息」，未詳。按注引莊子「真人之息以踵，衆人之息以喉」，見大宗師。喉與肩並在上，「以肩息」蓋謂其息淺，氣息至於肩則舒散，不能深聚。周易參同契發揮卷上：「莊子南華真經云『真人之息以踵，衆人之息以喉』，蓋在喉則近而短促，其息淺淺。接踵則長而綿延，其息深深。修煉至於其息深深，則我命在我，不爲大冶陶鑄矣（按大冶指造化）。」此道家行氣養性之説。按所謂「以關息」、「以踵息」，即道家謂之「胎息」者，蓋胎兒於母腹中不以口鼻呼吸也。抱朴子釋滯：「得胎息者，能不以鼻口噓吸，如坐胞胎之中，則道成矣。」其實「胎息」非真謂氣息不經口鼻，乃謂其氣息深長，聚於丹田以下，鼻吸口吐極緩，有似不經口鼻者而已。此猶如仿動物之冬眠，血氣平静，緩其新陳代謝也。

〔一七〕校補：慧琳一切經音義七十三引玄應音義曰：「衍，水流長也。」文選琴賦六臣注引張銑曰：「衍，長也。」謂意念稍專聚，至於引氣至丹田，而氣息深長。

〔一八〕黄注：陽氣者，天氣、生氣也。生氣通天論曰：「陽氣者若天與日，失其所則折壽而不彰。」又曰：「陽氣者一日而主外，平旦人氣生，日中而陽氣隆，日西而陽氣已虚，氣門乃閉。」校補：注「失其所則折壽而不彰」，「折」原作「抈」，據龍谿精舍本改，與黄帝内經素問生氣通天論合。自「凡陽氣生養」以下爲悦所言，似非答上一段或者之言，疑文有誤。玉篇彳部：「徒，衆也。」「和喜之徒」二句，謂彼輩和樂喜悦者，以有陽氣故也。陰氣，指衰氣。絀通黜。

〔一九〕校補：「亢」，原作「元」，據程本、王本、四庫本改。下改同。

〔二〇〕黄注：存吾春，謂順養其生氣也。校補：希麟續一切經音義五：「亢，陽極也。」公羊傳襄公二十九年何休注：「悔，咎。」蓋謂人持陽氣養生，亦當以中和調之。陰氣至極則凝結不化，固有凶險。陽氣亢奮至極，亦有災咎。夫物不能自爲春，故待天之春而生長。人不同於物，自可調節以葆其春。春者，生機也。

〔二一〕黄注：療，治也。校補：自「藥者，療也」以下，乃悦論道家服藥求長生之不可取。其上似當有或問之語，疑有脱文。抱朴子内篇仙藥：「服治病之藥以食前服之，服養性之藥以食後服之。」

按藥指丹藥，見周易參同契煉丹諸章及抱朴子内篇金丹、仙藥。

〔二〕黄注：論語：「肉雖多，不使勝食氣。」校補：注引論語見鄉黨，皇侃疏：「勝，猶多也。」國語晉語四韋昭注：「勝，猶過也。」説文米部：「氣，饋客芻米也。」氣、餼古今字。肉雖多，食之不可使多於米飯。謂即肉亦不可食之過多，況藥乎？

〔三〕校補：按此二句與上下文不相承，文當有脱誤。黄帝内經素問熱論「人之傷於寒也，則爲病熱」，王冰注：「寒毒薄於肌膚（按薄，迫近），陽氣不得散發而内怫結（按怫結，鬱結），故傷寒者反爲病熱。」「滯陰」，謂陽氣滯於陰氣之所迫。

〔四〕黄注：鍼謂九鍼，火謂灸炳也。校補：注「火謂灸炳也」，四庫本「炳」作「柄」，誤。「氣平」，謂血氣已平和。「火」謂灼艾，即灸也。

〔五〕校補：節之，謂服藥有節制，上文云「唯適其宜則不爲害」。

或問：「仁者壽，何謂也〔一〕？」曰：「仁者内不傷性〔二〕，外不傷物，上不違天，下不違人，處正居中，形神以和，故咎徵不至〔三〕，而休嘉集之〔四〕，壽之術也。」曰：「顔、冉何〔五〕？」曰：「命也。麥不終夏，花不濟春，如和氣何〔六〕？雖云其短，長亦在其中矣〔七〕。」

〔一〕黃注：論語：「知者樂，仁者壽。」校補：見雍也篇。集解引包咸曰：「性静者多壽考。」邢昺疏：「仁者少思寡欲，性常安静，故多壽也。」仁者心坦然安静，身形精神皆舒泰，故得盡其壽。

〔二〕校補：按「不傷性」即不害己身，性即命，見前「或問凡壽者必有道」一節注。

〔三〕黃注：咎徵，惡行之驗。校補：謂無惡行之報應。

〔四〕校補：漢書禮樂志「休嘉砰隱溢四方」，顏師古注：「休，美也；嘉，慶也。」按「休嘉」與「咎徵」對，謂吉兆。

〔五〕黃注：顏回子淵，年三十二蚤死。冉耕伯牛，有惡疾而卒。揚雄曰：「回牛之行德矣，曷壽之不益也（按曷同何）？」亦同此意。校補：「顏、冉何」，何，猶今言「怎麼回事」。

〔六〕黃注：言麥雖不踰夏而秀，花雖不越春而榮，其如和氣之保合何？校補：命，謂天年，自然之壽數也。爾雅釋言：「濟，渡也。」麥不過夏，花不過春，此自然之數，其奈和氣之保養何？此喻顏、冉之不壽乃天年如此，非關和氣。

〔七〕黃注：言顏、冉歲齡雖短，而天和不害，無殘賊致夭之行，故曰「長亦在其中矣」。則知君子不以壽夭爲慮，而當務脩德爲要也。校補：按孔子曰「仁者壽」，不過謂仁者心寧體泰，不自生憂懼以傷生，故得盡其壽。此大略之言也。後人議論紛紛，或謂顏回雖短命，然死且不朽，故亦壽；或謂死生有命，而云行仁得壽者，乃教化之義，誘人納於善（並見徐幹中論夭壽引），皆求之深而失之遠者，甚無謂也。徐幹曰：「天道迂闊，闇昧難明，聖人取大略以爲成法，亦安能委曲不失毫芒（按委曲謂周全），無差跌乎（按差跌猶差失）？且夫信無過於四時，而春或不華（按華、花古今字），夏或隕霜，秋或雨雪，冬或無冰，豈復以爲難哉（按難謂責難）？」其言得之。

或問黄白之儔〔一〕。曰：「傅毅論之當也〔二〕。燔埴爲瓦則可〔三〕，爍瓦爲銅則不可〔四〕。以自然驗於不然，詭哉〔五〕。歠犬羊之肉以造馬牛，不幾矣。不其然歟〔六〕？」

〔一〕黄注：抱朴子曰：「神仙經黄白之方二十五卷，千有餘首。黄者，金也。白者，銀也。古人秘重其道，不欲指斥，故隱之云爾。」按秦李少君言丹砂可化爲黄金，卒無驗，病死。漢宣時劉更生言黄金可成，上令典尚方鑄作，事費甚多，方不驗。毋怪乎世人疑爲虚誕也。校補：儔、鑄同聲相通。此問道家化煉丹砂、鉛爲金銀之説。抱朴子内篇黄白：「銅柱經曰：丹砂可爲金，河車可作銀（按河車即鉛）。」

〔二〕黄注：傅毅字武仲，肅宗時與班固、賈逵共典校書。考其傳無論黄白之説，意亡矣。

〔三〕黄注：埴，黏土也。校補：玉篇火部：「燔，燒也。」

〔四〕校補：説文金部：「鑠，銷金也。」俗作「爍」。

〔五〕校補：玉篇馬部：「驗，證也。」慧琳一切經音義七十一：「詭，詐不實也。」燒土爲瓦則可，以其同類，自然也。鎔瓦爲金則不可，以其非同類，不然之事也。以自然證於不然，是詐言哉。此以爍瓦爲銅爲喻，謂道家化煉金銀之説不可信。

〔六〕黄注：丹砂爲金，河車作銀，非同類矣。錢校：「歊」，盧學士本作「歊」，云「疑『穀』字」，恐非。校補：歊，音許嬌切，「歊」之俗字，見龍龕手鑑欠部。説文欠部：「歊，歊歊，氣出貌。」按歊謂熱氣上蒸貌。此作動字用，蓋謂烹煮。文選王命論「貪不可冀」，一本「冀」作「幾」，李善注引韋昭曰：「幾，望也。」幾通冀。犬羊之肉非馬牛之肉，今烹煮犬羊之肉，欲作成馬牛之肉，亦無望矣。此與上「爍瓦爲銅」同喻。

世稱緯書仲尼之作也〔一〕。臣悦叔父故司空爽辨之，蓋發其僞也〔二〕。有起於中興之前終張之徒之作乎〔三〕？或曰：「雜〔四〕。」曰：「以己雜仲尼乎？以仲尼雜己乎？若彼者以仲尼雜己而已，然則可謂八十一首非仲尼之作矣〔五〕。」或曰：「燔諸？」曰：「仲尼之作則否，有取焉則可。曷其燔〔六〕？在上者不受虛言，不聽浮術，不采華名，不興僞事，言必有用，術必有典〔七〕，名必有實，事必有功〔八〕。」

〔一〕黄注：世之説者謂孔子既叙六經，以明天人之道，知後世不能稽同其意，故别立緯及讖以遺來世。光武之世篤信斯術，學者風靡，是以桓譚、張衡輩常發其虚僞矣。校補：釋名釋典藝：「緯，圍也，反覆圍繞已成經也。」説文言部：「讖，驗也。有徵驗之書。河、雒所出書曰讖。」緯書爲敷演經書而作，讖書則爲依託經書而預言興亡者。下文曰「然則可謂八十一首非仲尼之作矣」，則此云緯書者乃泛指讖緯也。

〔二〕黄注：爽字慈明。董卓輔政，徵之。爽欲遁命，吏持之急，不得去，因復就拜平原相。行至宛陵，復追爲光禄勳。視事三日，進拜司空。爽見董卓忍暴滋甚，必危社稷。其所辟舉，皆取才略之士，將共圖之。亦與司徒王允及卓長史何顒等爲内謀，會病薨。常著禮、易傳、詩傳、尚書正經、春秋條例、公羊問、辨讖等篇（按常通嘗）。按爽父淑有子八人，儉、緄、靖、燾、汪、爽、肅、專，而悦則儉之子，故爽於悦爲叔父。所謂辨讖，即其發僞之書也。校補：按後漢書本傳稱悦作申鑒五篇，既成而奏上獻帝，故篇中自稱「臣悦」。

〔三〕黄注：起於哀、平。校補：按經義考二百六十七引孫瑴古微書自序，亦云：「一以爲起於中興之前終張之徒，皆借仲尼雜以己説。」「終張」未詳，疑是「侜張」之誤。爾雅釋訓：「侜張，誑也。」又范文瀾注文心雕龍正緯云：「『終張』疑當作『終術』，即助王莽造符命之田終術，與李尋同稱，見漢書翟方進及王莽傳。」説似牽强，識以存參。

〔四〕校補：廣雅釋詁：「雜，厠也。」謂緯書有他人之言攙雜孔子書間。

〔五〕黄注：緯書有河圖九篇，洛書六篇，云自黄帝至周文王所受本文。又别有三十篇，云自初起至于孔子，九聖之所增演，以廣其意。又有七經緯三十六篇，並云孔子所作，并前合爲八十一篇。校補：「以己雜仲尼」，謂書爲孔子所作，己但增益之以輔翼其説而已。「以仲尼雜己」，謂書爲己所作，而依託孔子以張己説也。悦意以讖緯之書實屬後者。

〔六〕黄注：有取，如劉彦和所謂羲、農、軒、皞之源，山瀆鍾律之要，白魚赤鳥之符，黄金紫玉之瑞，事豐辭富，無益經典而有助文章之類是也。校補：經傳釋詞：「曷，何也。」又：「其，猶乃也。」謂以讖緯爲孔子所作則非，取其書以爲用則可，何乃燒棄之乎？

〔七〕校補：「術必有典」，謂學術必據成典，淵源有自，否則爲無根之浮術也。

〔八〕黄注：「有用」謂不虚，「有典」謂不浮，「有實」謂不華，「有功」謂不僞。在上者如是，則緯候鉤讖之説無所肆其矯誕矣。

雜言上第四

或問曰："君子曷敦乎學〔一〕？"曰："生而知之者寡矣，學而知之者衆矣〔二〕。悠悠之民，泄泄之士，明明之治，汶汶之亂，皆學廢、興之由，敦之不亦宜乎〔三〕。"

〔一〕黄注：敦，勉也。

〔二〕盧校："衆"字舊本作"寡"，誤。校補：錢校據盧校改"衆"。按王本作"衆"，今據改。

〔三〕黄注：詩板曰："天之方蹶，無然泄泄。"大明曰："明明在下。"校補：按注引大雅板"無然泄泄"，彼"泄泄"毛傳訓"沓沓"，即諮諮，多言貌。説文言部字作"呭"，云："呭，多言也。詩曰：『無然呭呭。』"然此義與本文不合。本文上以"悠悠"與"泄泄"並舉，下以"明明"與"汶汶"並舉，義皆相對。説文心部："悠，憂也。"左傳隱公元年"其樂也洩洩"，文選思玄賦李善注引舊注："洩洩，樂貌。"泄泄即洩洩也。按廣韻泄、洩並音餘制切，古音皆屬月部喻紐字。禮記中庸"振河海而不洩"，釋文"洩"作"泄"。春秋經宣公九年"陳殺其大夫洩冶"，公羊、穀梁"洩"並作"泄"。均其證。"悠悠之民，泄泄之士"，"民"、"士"互文足義，謂士民之憂與樂耳。史記屈原賈生列傳索隱："汶汶音門門，猶昏暗不明也。"是"汶汶"與"明明"義亦相對也。以上五句，意謂士民之憂與樂，國之清明與昏亂，皆由於學之興與廢也。此乃答或問「君子曷敦乎學」者。

君子有三鑒，鑒乎前，鑒乎人，鑒乎鏡。世人鏡鑒〔一〕。前惟順〔二〕，人惟賢，鏡惟明〔三〕。夏、商之衰〔四〕，不鑒於禹、湯也〔五〕。周、秦之弊，不鑒於羣下也〔六〕。側弁垢顔，不鑒於明鏡也〔七〕。故君子惟鑒之務〔八〕。若夫側景之鏡，亡鑒矣〔九〕。

〔一〕黄注：蒸庶但知鏡鑒而已。校補：原無「鑒乎前，鑒乎人，鑒乎鏡」三句九字，治要有。御覽七百十七引「人」作「下」。按下文「前惟順，人惟賢，鏡惟明」即承此三句言之，今據治要補。錢校亦據治要補此三句，然删去下「世人鏡鑒」一句。按此句下有注「蒸庶但知鏡鑒而已（「蒸庶」猶言衆人）」，是黄所見本原有此句。疑「世人鏡鑒」句本在「君子有三鑒」句之上。

〔二〕校補：治要「順」作「訓」。按順通訓。國語周語上「宣王欲得國子之能導訓諸侯者」，史記魯周公世家「導訓」作「道順」，集解引徐廣曰：「（順）一作訓。」正義：「道音導，順音訓。」墨子非命中「下有以教順其百姓」，管子牧民「順民之經」，順並通訓。「前惟順」即前惟訓，謂君子於前世，唯鑒察其教訓。

〔三〕黄注：此君子之三鑒。校補：「前惟順」三句，明刻御覽七百十七引作「前惟人訓，人訓惟明」，宋刻御覽無下「訓」字，並非。「人惟賢」，謂君子於人，唯鑒察其賢。「鏡惟明」，謂君子於鏡，唯鑒照其影像明晰者。

〔四〕校補：治要、御覽七百十七「夏商」作「商德」。

〔五〕黄注：桀、紂不以前鑒。校補：謂不鑒察前人教訓，與君子鑒「前惟順（訓）」正反。

〔六〕黄注：幽、厲、政、亥不以人鑒。錢校：「羣」原作「民」，據治要改，與御覽合。校補：按錢改是，今據治要改。又按御覽七百十七宋刻作「羣」，明刻則作「民」。羣下，衆臣也。「不鑒於羣下」者，不鑒察臣下之賢，與君子鑒「人惟賢」正反。

〔七〕黄注：此則不以鏡鑒。側，傾也。弁者，冠之大名。詩賓之初筵曰：「側弁之俄。」校補：「側弁垢顔」者，以不鑒照明鏡以整己之容故也。此與君子鑒「鏡惟明」正反。

〔八〕黄注：務於前鑒、人鑒。錢校：句末治要有「焉」字。

〔九〕黄注：但知鏡鑒，是爲無鑒。校補：景、影古今字。亡同無。鏡面不平，則所照之影不正，故曰「側景之鏡」。此喻君子雖有三鑒，然如所鑒不當，則如鑒照影像不正之鏡，猶無鑒也。黄注似未晰。

或問：「致治之要，君乎〔一〕？」曰：「兩立哉〔二〕。非天地不生物，非君臣不成治。首之者天地也，統之者君臣也哉〔三〕。先王之道致訓焉，故亡斯須之間而違道矣〔四〕。昔有上致聖，由教戒、因輔弼、欽順四鄰〔五〕，故檢柙之臣不虛於側〔六〕，禮度之典不曠於目〔七〕，先哲之言不輟於耳〔八〕，非義之道不宣於心〔九〕，是邪僻之氣末由入也〔一〇〕。有間，必有入之者矣〔一一〕。是故僻志萌則僻事作〔一二〕，僻事作則正塞，正塞則公正亦末由入也矣〔一三〕。不任所愛謂之公，惟義是從謂之明〔一四〕。齊桓公中材也，末能成功業，由有異焉者矣〔一五〕。妾媵盈宮〔一六〕，非無愛幸也；羣臣盈朝，非無親近也。然外則管仲射己〔一七〕，衞姬色衰〔一八〕，非愛也，任之也〔一九〕。然後知非賢不可任，非智不可從也。夫此之舉弘矣哉〔二〇〕。膏肓純白〔二一〕，二豎不生，茲謂心寧〔二二〕。省闥清淨〔二三〕，嬖孽不生，茲謂政平〔二四〕。夫膏肓近心而處阸〔二五〕，鍼之不逮〔二六〕，藥之不中，攻之不可，二豎藏焉，是謂篤患〔二七〕。故治身治國者，唯是之畏〔二八〕。

〔一〕校補：資治通鑑三胡三省注：「致者，使之至也。」要讀去聲。問使國家得治理之關要在君否。

〔二〕黃注：天無獨運，君無獨理。校補：兩，指君與臣。廣雅釋詁：「立，成也。」謂國之治理成於君臣。下文曰：「非君臣不成治。」

〔三〕校補：爾雅釋詁：「首，始也。」漢書律曆志「張蒼首律曆事」，顏師古注：「首，謂始定也。」「首之」云云二句，謂始生物者，天地也；而統理物者，則爲君臣。

〔四〕校補：「先王之道致訓焉」，倒言之即致訓先王之道。致訓，盡順之也。致通至，故可訓盡，訓極。國語吴語「飲食不致味，聽樂不盡聲」，致、盡互文，致亦盡也。秦策一鮑彪注：「致，言極力。」訓、順古通，見上「君子有三鑒」節注。「亡斯須之間而違道」，謂片刻不違道。亡同無。禮記祭義鄭玄注：「斯須，猶須臾也。」斯須即片刻。

〔五〕校補：「昔有」，謂昔有爲君者，省言之耳。「上致聖」，言上達於聖明。「由教戒」，從教戒也。論語泰伯鄭玄注：「由，從也。」「因輔弼」，依仗輔佐也。吕氏春秋盡數高誘注：「因，依也。」爾雅釋詁：「弼，俌也。」俌同輔。「欽順四鄰」，敬順左右之臣也。爾雅釋詁：「欽，敬也。」書益稷「欽四鄰」，僞孔傳：「四近前後左右之臣。」

〔六〕黄注：檢柙，猶法度也。言法度之臣常充左右也。校補：檢柙之臣，謂匡正君失之臣。檢柙同檢押。漢書揚雄傳下顏師古注：「檢押，猶隱栝也。」按隱栝，謂矯正。

〔七〕校補：謂目不離禮法之典籍。吕氏春秋去宥高誘注：「度，法也。」孔子家語六本王肅注：「曠，隔也。」

〔八〕盧校：「耳」字舊本作「身」，誤。校補：按「耳」與「言」義相貫。龍谿精舍本作「耳」，今據改。禮記曲禮下鄭玄注：「輟，猶止也。」謂耳不離先哲之言。

〔九〕校補：文選東京賦薛綜注：「宣，猶發也。」

〔一〇〕校補：經傳釋詞：「末，無也。」邪僻爲複語，淮南子精神高誘注：「僻，邪也。」謂不正之氣習無由染身。

〔一一〕盧校：黄氏疑「有間」上下皆缺一字，今案無缺。校補：按盧説是也。「有間，必有入之者矣」，間謂間隙。此承上文「禮度之典不曠於目，先哲之言不輟於耳，非義之道不宣於心，是邪僻之氣末由入也」言之，謂纔有間隙，則邪僻之氣必有乘隙而入者。

〔一二〕黄注：生於其心，害於其政。校補：楚辭九章懷沙王逸注：「志，念也。」僻志謂不正之意念。説文人部：「作，起也。」

〔一三〕校補：正塞，謂正道塞。玉篇入部：「入，納也。」「正塞則公正亦末由入」，言正道塞，則亦無由容納公正之臣，謂不能納賢也。

〔一四〕錢校：原本「所」作「不」，「義」作「公」，據治要改。校補：按錢改是，今從治要改。治要「謂之」並作「之謂」。

〔一五〕校補：中材，謂才能中等。「末能」，治要「末」作「夫」，錢校據改。按此「末」訓終。書立政「我則末惟成德之彦」，僞孔傳：「我則終惟有成德之美。」孔穎達疏：「末訓爲終。」「有異」，謂有異於常人之處。

〔一六〕校補：文選晉紀總論「有殺戮妾媵」，六臣注引劉良曰：「媵亦妾類。」説文皿部：「盈，器滿也。」引申爲充滿。

〔一七〕黄注：雍林人殺無知，高、國先陰召小白於莒。魯聞無知死，亦發兵送公子糾，而使管仲别將兵遮莒道，射中小白帶鈎。小白佯死，先入齊，高傒立之，是爲桓公。

〔一八〕黄注：桓公好内，多内寵。如夫人者六人，長衛姬、少衛姬、鄭姬、葛嬴、潘密姬、宋華子也。錢校：「衰」，原譌「妾」，校據治要改。校補：按錢校是。王本亦作「衰」，今據改。又此句首錢據上句例增「内則」二字，於文當有。又注「潘密姬」，「潘」字衍文。密姬見左傳僖公十七年。「（内則）衛姬色衰」者，乃指衛姬雖人老色衰，桓公仍以其賢立爲夫人事。列女傳二稱桓公「立衛姬爲夫人，號管仲爲仲父。曰：夫人治内，管仲治外，寡人雖愚，足以立於世矣」，傳又讚衛姬「忠款誠信」。以上二句，意謂管仲雖嘗輔公子糾而射己，衛姬雖色衰，然桓公仍任之以治内外，非愛管仲、衛姬也，乃其知人善任也。上文曰桓公「有異焉者」，即謂此。蓋其異乎常人者，在知人而善用之以治内外，故雖中材而終能成其霸業。

〔一九〕黄注：言桓公非親暱管仲，欲其擔寄國事也。校補：按此「非愛」、「任之」，指管仲、衛姬内外二人言之。

〔二〇〕校補：弘訓大，引申有美善之義。文選王文憲集序六臣注引李周翰曰：「弘，善也。」

〔二一〕黄注：心下爲膏。肓，鬲也。盧校：「肓」字舊本作「盲」，誤。下同。校補：注亦誤「盲」。四庫本、龍谿精舍本並作「肓」，今據改，下同。

〔二二〕校補：謂身健無疵，則病無由侵，是謂心寧。「二豎」指痼疾，見下文黄注，出左傳成公十年。

〔二三〕校補：資治通鑑四十八「常入省宿止」，胡三省注：「省，禁中也。」後漢書張步傳「即帶劍至宣德後闥」，李賢注：「闥，宫中門也。」文選王仲宣誄「秉機省闥」，六臣注引吕向曰：「省闥，宫門。」按省闥，猶省門、省闈，泛指宫禁，特指後宫。後漢書楊秉傳「臣案國舊典，宦豎之官本在給使省闥，司昏守夜」，又宋皇后紀「諸常侍小黄門在省闥者，皆憐宋氏無辜」，省闥並指後宫。

〔二四〕校補：「不生」，治要作「不作」。穆天子傳六「天子使嬖人」，郭璞注：「嬖，所愛幸者。」説文子部：「孽，庶子也。」按妾爲庶妻，故亦稱孽。資治通鑑十四「庶人孽妾」，胡三省注：「師古曰：孽，庶賤者。」此「嬖孽」指天子愛幸之姬妾，專寵誤國者。列女傳有嬖孽傳，如夏桀之末喜、殷紂之妲己、周幽王之褒姒皆爲「嬖孽」也。公羊傳隱公元年何休注：「平，治也。」

〔三五〕校補：阨音烏懈切，同隘。集韻去聲十五卦：「隘，或作阨。」謂膏肓近心，處於險要之地。

〔三六〕校補：「逮」原作「遠」，黄注：「『遠』，當作『達』。」按治要作「逮」，錢校據改，今從之。爾雅釋言：「逮，及也。」

〔三七〕黄注：晉侯疾病，求醫于秦，秦伯使醫緩爲之。未至，公夢疾爲二豎子，曰：「彼良醫也，懼傷我，焉逃之？」其一曰：「居肓之上，膏之下，若我何？」醫至，曰：「疾不可爲也。在肓之上，膏之下，攻之不可，達之不及，藥不至焉，不可爲也。」校補：「篤患」，重病。文選陳情表「劉病日篤」，六臣注引李周翰曰：「篤，病甚也。」

〔三八〕黄注：身畏二豎，國畏嬖孽。

或曰：「愛民如子，仁之至乎？」曰：「未也。」曰：「愛民如身，仁之至乎？」曰：「未也。湯禱桑林〔一〕，邾遷于繹〔二〕，景祠于旱〔三〕，可謂愛民矣〔四〕。」曰：「何重民而輕身也？」曰：「人主承天命以養民者也。民存則社稷存，民亡則社稷亡。故重民者，所以重社稷而承天命也〔五〕。」

〔一〕黄注：湯時大旱七年，太史占之，曰：「當以人禱。」湯曰：「吾所爲請雨者，民也。若以人禱，吾請自當。」遂齋戒，剪髮斷爪，素車白馬，身嬰白茅，以身爲犧，禱于桑林之野。

〔二〕黄注：邾文公卜遷于繹，史曰：「利於民而不利於君。」邾子曰：「苟利於民，孤之利也。天生民而樹之君，以利之也。民既利矣，孤必與焉。」左右曰：「命可長也，君何弗爲？」邾子曰：「命在養民。死之短長，時也。民苟利矣，遷也，吉莫如之！」遂遷于繹。五月，邾文公卒。

〔三〕黄注：齊大旱，景公卜之，祟在高山廣水，欲祠靈山、河伯以禱。晏子曰：「祠之無益。君誠避宫殿暴露，與靈山、河伯共憂，其幸而雨乎？」於是景公出野，暴露三日，天果大雨，民盡得種樹。校補：注「民盡得種樹」，晏子春秋内篇諫上「樹」作「時」，説苑辨物作「樹」。按時通蒔，與樹皆訓種植。

〔四〕黄注：「如子」，與子等耳。「如身」，與身等耳。如三君者輕身重民，然後爲至。

〔五〕黄注：社者，五土之神。稷者，於五土之中特指原隰之祇。古者立國，天子、諸侯、大夫皆立社，而國喪則屋之，不受天陽也。故公羊傳云：「亡國之社掩其上，柴其下。」孟子曰：「民爲貴，社稷次之，君爲輕。」言三君者之重民，爲欽奉天命以保社稷也。校補：説文示部：「社，地主也。」主謂木、石所制之神位，「地主」即土神之神位也。獨斷上：「稷，五穀之長也。因以稷名其神也。」社爲土神，稷爲穀神，因之祭祀土神、穀神之處所謂之社稷。白虎通社稷：「王者所以有社稷何？爲天下求福報功。人非土不立，非穀不食。土地廣博，不可遍敬也；五穀衆多，不可一一祭也。故封土立社，示有土也。稷，五穀之長，故立稷而祭之也。」按古重農，農爲國本，有國有土者必立社稷以祭，故社稷又爲國家之代稱。悦此文所云「社稷」，即指國言。

或問曰：「孟軻稱人皆可以爲堯舜，其信矣乎〔一〕？」曰：「人非下愚，則皆可以爲堯舜矣〔二〕。寫堯舜之貌，同堯舜之姓，則否〔三〕；服堯之制，行堯之道，則可矣〔四〕。行之於前，則古之堯舜也；行之於後，則今之堯舜也。」或曰：「人皆可以爲桀紂乎？」曰：「行桀紂之事，是桀紂也〔五〕。堯舜桀紂之事常並存於世，唯人所用而已〔六〕。楊朱哭岐路，所通逼者然也〔七〕。夫岐路惡足悲哉！中反焉，若夫縣度之厄素，舉足而已矣〔八〕。」

〔一〕錢校：原脱「乎」字，據治要補。校補：錢校是，今據補。孟子告子下：「曹交問曰：『人皆可以爲堯舜，有諸？』孟子曰：『然。』」趙岐注：「答曰然者，言人皆有仁義之心，堯舜行仁義而已。」

〔二〕黄注：下愚則不移。校補：「則皆」，「皆」原作「愚」。錢校：「『愚』疑當作『皆』。治要無。」

按四庫本、王本並作「皆」，今據改。

〔三〕校補：淮南子本經：「雷震之聲，可以鼓鍾寫也。」高誘注：「寫，猶放斅也。」放斅即仿效。仿堯舜之貌，與堯舜同姓，則非堯舜，謂不行其道也。「姓」，治要作「性」，未是。

〔四〕錢校：「堯」下疑並脱「舜」字。治要同。校補：按於文當有二「舜」字。廣雅釋詁：「服，行也。」行其制，行其道，則爲堯舜。

〔五〕黄注：本孟子語曹交意。

〔六〕校補：用，由也。見經傳釋詞。

〔七〕黄注：淮南子説林訓曰：「楊子見逵路而哭之，爲其可以南可以北。」高誘曰：「閔其別與化也。」校補：按注「與化也」三字當衍。説林高誘注云：「道九達曰逵。憫其別也。」無「與化也」三字。「岐路」，岐同歧。逼讀爲副，音芳逼切。逼、副同从畐聲，並屬職部脣音字。禮記曲禮上鄭玄注：「副，析也。」詩大雅生民釋文引説文：「副，分也。」助字辨略：「然，故也。」「所通逼者然」，謂楊朱哭歧路，以其所通枝分之道故也。

〔八〕黄注：西域傳：「烏秘國西有縣度。縣度者，石山也。谿谷不通，以繩索相引而度去。」喻爲桀紂。校補：注「烏秘國西有縣度」，漢書西域傳上「烏秘」作「烏秅」。惡音烏。反、返古今字。

「中反」，謂中道而返回也。「厄素」，未詳，疑當作「危索」。厄、危形似而誤。素、索古同音相通，並鐸部心紐字。爾雅釋草「素華」，釋文：「素，又作索。」縣度山之危索，喻人迷入險途，黄注所謂「喻爲桀紂」是也。「舉足而已」，謂舉足返回而已。按上文謂行堯舜則爲堯舜，行桀紂則爲桀紂，其事並存於世，如歧路當前，在人之所由而已。悅意謂人若非不移之下愚，即爲不善，改之則善也。比如遇歧路入迷途險境，則中道舉足而返可矣，何必如楊朱之哭歧路耶？

損益之符，微而顯也〔一〕。趙獲二城，臨饋而憂〔二〕；陶朱既富，室妾悲號〔三〕。此知益爲損之爲益者也〔四〕。屈伸之數，隱而昭也〔五〕。有仍之困，復夏之萌也〔六〕；鼎雉之異，興殷之符也〔七〕；邵宮之難，隆周之應也〔八〕；會稽之棲，霸越之基也〔九〕；子之之亂，强燕之徵也〔一〇〕。此知伸爲屈之爲伸者也〔一一〕。

〔一〕校補：謂損益相因之徵兆，始微而後顯。史記蘇秦列傳正義：「符，徵兆也。」

〔二〕校補：葉八白易傳十四：「然而盛者衰之根，盈者虚之原。趙獲二城，臨饋而憂；陶朱既富，妻妾悲號。」即用申鑒此文。然「趙獲二城」二句，未知所指。黄於下文所舉諸事皆施注，唯此二句無注，蓋亦未詳其事。

〔三〕黄注：范蠡既雪會稽之恥，乃乘扁舟浮於江湖，變名易姓，適齊爲鴟夷子皮，之陶爲朱公。迺治產積居與時逐，三致千金，而再散分與貧友昆弟。後年衰老，聽子孫脩業而息之，遂至鉅萬，故言富者稱陶朱。校補：陶朱公事見漢書貨殖傳，然不聞有「室妾悲號」之事。按列女傳二有陶答子大夫之妻，云「答子治陶三年，名譽不興，家富三倍。其妻數諫不用。居五年，從車百乘歸休，宗人繫牛而賀之，其妻獨抱兒而泣。姑怒曰（按夫之母曰姑）：『何其不祥也！』婦曰：『夫子能薄而官大，是謂嬰害（按嬰謂牽係）；無功而家昌，是謂積殃。』其後一年，答子之家果以盜誅。其事與既富而「妻室悲號」正合。疑陶朱乃陶答子之誤。

〔四〕校補：盧校謂此句當作「此知益爲損，損之爲益者也」，脱一「損」字。按「損之爲益」連讀，「益爲損之爲益者」，謂益乃損之而後有益者。如依盧説，則疑當作「此知益爲損，損爲益者也」，蓋下「損」字作重文號二短横，草寫相連，因誤爲「之」字。

〔五〕校補：謂屈伸相依之理，由隱而明。管子法法尹知章注：「數，理也。」按數訓理，謂理之必然者。

〔六〕黄注：帝相之后，有仍國君女也。寒浞殺羿滅夏氏，時少康方在，相后懷妊，乃奔歸有仍之國，而生少康，長爲仍牧正。夏有舊臣靡，自有鬲氏收二國之燼，舉兵滅浞，而立少康。校補：按注「時少康方在」五字有誤。寒浞糸相滅夏，相后緡方妊，奔有仍後始生少康，事見左傳哀公元年。黃注下亦云「相后懷姙，乃奔歸有仍之國，而生少康」，則此處不當有此五字。或當讀「時少康方在相后懷姙」九字爲一句，然文欠順。

〔七〕黃注：武丁祭成湯，有飛雉升鼎耳而雊，祖己訓諸王，武丁內反諸己，以思王道。三年，蠻夷編髮重譯來朝者六國。鬼方無道，武丁伐而三年克之。殷道復興。

〔八〕黃注：邵宮，召公之室也。厲王出犇于彘，太子靜匿召公之家，國人聞而圍之，召公乃以其子代太子，太子竟得脱。長於召公家，二相乃共立之，是爲宣王。

〔九〕黃注：夫差二年，吳王悉精兵以伐越，敗之夫椒。越王勾踐乃以餘兵五千人保棲于會稽，使大夫種因吳太宰嚭而行成，請委國爲臣妾。至十四年，勾踐伐吳，虜太子友。二十一年，越王滅吳，夫差自剄死。

〔一〇〕黃注：燕王噲讓國於其相子之，而國大亂。齊因伐之，遂大勝燕，噲死，子之亡。二年而燕人共立太子平，是爲燕昭王。校補：注「伐之」，「伐」原作「我」，據四庫本、龍谿精舍本改。

〔一一〕校補：盧校謂此句當作「此知伸爲屈，屈之爲伸者也」，脱一「屈」字。按「屈之爲伸」連讀，「伸爲屈之爲伸者」，謂伸乃屈之而後有伸者。如依盧説，則疑當作「此知伸爲屈，屈爲伸者也」，蓋下「屈」字涉重文號而誤爲「之」字。按悦言此，蓋諷諭獻帝當忍辱而圖自强。

人主之患，常立於二難之間。在上而國家不治，難也；治國家則必勤身苦思，矯情以從道，難也〔一〕。有難之難，闇主取之；無難之難，明主居之〔二〕。大臣之患，常立於二罪之間。在職而不盡忠直之道，罪也；盡忠直之道焉，則必矯上拂下，罪也〔三〕。有罪之罪〔四〕，邪臣由之；無罪之罪〔五〕，忠臣置之〔六〕。人臣之義，不曰「吾君能矣，不我須也〔七〕，言無補也」，而不盡忠。不曰「吾君不能矣，不我識也，言無益也」，而不盡忠〔八〕。必竭其誠，明其道，盡其義，斯已而已矣〔九〕，不已則奉身以退〔一〇〕，臣道也。故君臣有異無乖〔一一〕，有怨無憾〔一二〕，有屈無辱〔一三〕。人臣有三罪，一曰導非，二曰阿失〔一四〕，三曰尸寵〔一五〕。以非引上謂之導〔一六〕，從上之非謂之阿，見非不言謂之尸。導臣誅，阿臣刑，尸臣絀〔一七〕。進忠有三術，一曰防〔一八〕，二曰救〔一九〕，三曰戒〔二〇〕。先其未然謂之防，發而止之謂之救，行而責之謂之戒〔二一〕。防爲上，救次之，戒爲下。下不鉗口，上不塞耳，則可有聞矣〔二二〕。有鉗之鉗，猶可解也。無鉗之鉗，難矣哉。有塞之塞，猶可除也。無塞之塞，其甚矣夫〔二三〕。

〔一〕錢校：「難（也）」上治要並有「是」字。校補：荀子性惡「是以爲之起禮義，制法度，以矯飾人之情性而正之」，楊倞注：「矯，彊抑也（按彊即勉强之强）。」人主居上而國家不得治，是難爲君也。欲治國家，則必勞苦其身心，抑制其性情以從於道義，是難爲人也。

〔二〕校補：闇同暗。「有難」、「無難」，指有難爲君、無難爲君。國之不治，乃暗主不能勞其身心，故國亂而難爲君。是有難爲君之難者，暗主取之，以其不能任身心之勞也。欲國之治，則明主必勞其身心，故國治而無難爲君。是無難爲君之難者，明主居之，以其能任身心之勞也。或讀「有難」、「無難」之「難」去聲，似非。此與下文「有罪之罪」、「無罪之罪」文法一律，「難」字不當平去兩讀。

〔三〕校補：漢書王莽傳上「拂世矯俗」，矯、拂互文，顔師古注：「拂，違也。」淮南子俶真高誘注：「矯，拂也。」「矯上拂下」，謂牴牾人主、羣臣。

〔四〕黄注：謂不盡忠直之道。

〔五〕黄注：謂盡道而矯上拂下。

〔六〕校補：「置」，治要作「致」，錢校據改。按「置」字不誤，讀爲值。詩商頌那鄭玄箋：「置，讀曰植。」説文通訓定聲：「置，假爲值。」置、植、值並屬職部舌音字，段玉裁説文解字注謂「置」从「直」得聲，是也。儀禮喪服賈公彦疏：「值者，當也。」文選皇太子釋奠會作詩李善注同。邪臣不能盡忠箴諫，其罪誠爲不盡臣道之罪，故曰「有罪之罪」。「由之」，由讀如論語顏淵「爲仁由己」之由，聽任也。忠臣盡忠箴諫，至與人主、羣臣相牴牾而獲罪，其罪由於盡臣道，乃因無罪而獲罪，故曰「無罪之罪」。無罪之罪，則忠臣當之。

〔七〕校補：「人臣之義」，謂爲人臣之理。「不我須」，即不須我，倒言之。下文「不我識」句法同。

〔八〕黄注：孟子曰：「吾君不能，謂之賊。」校補：按注引孟子見離婁上，趙岐注：「言吾君不肖，不能行善，因不諫正，此謂賊其君也。」

〔九〕黄注：以道事君。校補：「斯已」，斯，乃；已，盡也。經傳釋詞：「斯，猶乃也。」文選詠懷詩六臣注引吕向曰：「已，盡也。」按「斯已而已」，言乃盡其事而已，承上「竭其誠，明其道，盡其義」言。

〔一〇〕黄注：不可則止。校補：「不已」，承上「斯已而已」言，謂不得盡其忠。廣雅釋詁：「奉，持也。」奉身即守身。經傳釋詞：「以，猶而也。」謂如盡忠而不得，則守身而退。奉身，謂持守其節操。退，謂不與暗主、佞臣同流也。

〔一一〕校補：玉篇心部：「乖，戾也，背也。」謂有不同而無背戾。論語子路「君子和而不同」，謂雖所見各異而其心和，即此「有異無乖」之意。

〔二〕校補：國語周語上韋昭注：「怨，心望也（按望，猶責備）。」孔子家語五儀王肅注：「怨，咎。」玉篇心部：「憾，恨也。」謂有咎責而無仇恨。

〔三〕校補：謂有屈抑，而無受辱。

〔四〕校補：阿音烏何切。呂氏春秋長見「阿鄭君之心」，高誘注：「阿，從也。」下文曰「從上之非謂之阿」。

〔五〕校補：漢書朱雲傳「今朝廷大臣，上不能匡主，下亡以益民（按亡同無），皆尸位素餐」，顔師古注：「尸位者，不舉其事，但主其位而已。」論衡量知：「無道藝之業，不曉政治，默坐朝廷，不能言事，故曰尸位。」按禮記祭統鄭玄注：「尸，神象也。」尸本義爲以人當祭祀之神像，凡尸皆默坐不言，故引申爲居位而不爲事。尸寵，謂無所事事於寵貴之位，即居上位而無作爲也。

〔六〕錢校：治要「引」作「先」。校補：按周禮夏官大司馬鄭玄注：「先，猶道也（按道同導）。」先亦導引之義。

〔七〕黄注：絀與黜同，貶下也。

〔八〕黄注：防與導反。校補：謂防君之非，與「導非」反。

〔九〕黄注：救與阿反。校補：謂止君之失，與「阿失」反。

〔二〇〕黄注：戒與尸反。校補：謂告誡君，與「尸寵」反。儀禮士冠禮鄭玄注：「戒，警也，告也。」戒、誡古通用。

〔二一〕錢校：「止之」，治要作「進諫」。「防」下、「救」下、「戒」下，治要並有「也」字。校補：「先其未然」，謂事未成而先爲杜絶。

〔二二〕校補：説文金部：「鉗，以鐵有所劫束也。」漢書高帝紀下顔師古注：「鉗，以鐵束頸也。」鉗本束縛人之刑具，引申爲緘閉。莊子胠篋「鉗楊墨之口」，成玄英疏：「鉗，閉也。」字又作箝，漢書異姓諸侯王表「箝語燒書」，箝語謂禁言。亦作拑，史記秦始皇本紀「拑口而不言」。塞耳，謂不聽箴諫也。謂臣不緘默，君不拒諫，則下情可以上聞矣。

〔二三〕黄注：無鉗之鉗，無塞之塞，獻帝之時如此。校補：「有鉗之鉗」，謂人禁其言；「無鉗之鉗」，謂非人明禁之，乃懾於犯忌而自緘其口。「有塞之塞」，謂人不使之聞；「無塞之塞」，謂非人明不使聞，乃懾於犯忌而自不聞。「甚矣」，承上「難矣」言，謂其難益甚也。或解「有鉗之鉗」謂有鉗具挾其口，「有塞之塞」謂有什物堵其耳，皆以實物解之，則原文之意反淺，恐未是。禁人言、禁人聞，非人本不欲言、本不欲聞也，故曰「猶可解」、「猶可除」。若自甘閉其口、塞其耳，是本不欲言、本不欲聞也，故曰「難矣」、「甚矣」，謂無可解除也。獻帝之時，未有禁言之明令，然人懾於犯忌，故下不言而上不聞，注謂「無鉗之鉗，無塞之塞，獻帝之時如此」，是也。

或曰：「在上有屈乎？」曰：「在上者以義申，以義屈〔一〕。」高祖雖能申威於秦項，而屈於商山四公〔二〕。光武能申於莽〔三〕，而屈於强項令〔四〕。明帝能申令於天下，而屈於鍾離尚書〔五〕。若秦二世之申欲而非笑唐虞〔六〕，若定陶傅太后之申意而怨於鄭〔七〕，是謂不屈。不然，則趙氏不亡而秦無愆尤〔八〕。故人主以義申，以義屈也。喜如春陽，怒如秋霜，威如雷霆之震，惠若雨露之降〔九〕，沛然孰能禦也〔一〇〕。

〔一〕黄注：義當申則申，義當屈則屈。校補：申同伸，謂伸志。屈，克己。

〔二〕黄注：四公者，東園公、綺里季、夏黄公、角里先生也。高祖欲易太子，太臣多争，未能得堅決。吕后以留侯計云「四公皆上所不能致者」，遂使人奉太子書迎至。及宴置酒，太子侍，四人者從太子。上怪，問，四人前對，各言其姓名。上迺驚曰：「吾求公，避逃我，今公何自從吾兒遊乎？」四人曰：「陛下輕士善駡，臣等義不辱，故恐而亡匿。今聞太子仁孝，恭敬愛士，天下莫不延頸願爲太子死者，故臣等來。」上曰：「煩公幸卒調護太子。」四人趨去。上目送之，召戚夫人指視曰：「我欲易之，彼四人爲之輔，羽翼已成，難動矣。」竟不易太子。所謂「屈於商山四公」。校補：注「東園公」，「東」字據四庫本補。又注「角里先生也」，漢書張良傳「角」作「甪」，史記留侯世家索隱、後漢書鄭玄傳李賢注作「角」。角、甪同，並音盧谷切。留侯世家索隱引孔安國祕記又作「祿」。「中威於秦項」，謂滅秦、敗項羽。

〔三〕錢校：「申」下疑脱一字。校補：莽，王莽。光武帝滅新莽而中興漢室。

〔四〕黄注：陳留董宣爲雒陽令，湖陽公主蒼頭白日殺人，宣於夏門亭格殺之。主訴帝，帝召宣欲箠殺之，宣曰：「陛下聖德中興，而縱奴殺人，將何以治天下乎？臣不須箠，請得自殺。」即以頭擊楹，流血被面。帝令小黄門持之，使宣叩頭謝主。宣不從，彊使頓之，宣兩手據地，終不肯俯。因敕强項令出，賜錢三十萬。所謂「屈於强項令」。

〔五〕黄注：尚書鍾離意也。顯宗即位，徵爲尚書，時交阯太守張恢坐臧徵還，伏法，以資物簿入大司農。詔班賜羣臣，意得珠璣，悉以委地而不拜賜。帝怪而問其故，對曰：「臣聞孔子忍渴於盜泉之水，曾參回車於勝母之閭，惡其名也。此臧穢之寶，誠不敢拜。」帝嗟歎曰：「清乎尚書之言！」乃更以庫錢三十萬賜意。轉爲尚書僕射，車駕數幸廣成苑，意以爲從禽廢政，常當車陳諫般樂遊田之事，天子即時還宮。所謂「屈於鍾離尚書」。

〔六〕黄注：二世曰：「吾聞之韓子曰：『堯舜采椽不刮，茅茨不翦，飯土熘，啜土形，雖監門之養，不轂於此。禹鑿龍門，通大夏，決河亭水，放之海，身自持築臿，脛毋毛，臣虜之勞不烈於此矣。』凡所爲貴有天下者，得肆意極欲，主重明法，下不敢爲非，以制御海内矣。夫虞夏之主，貴爲天子，親處窮苦之實，以徇百姓，尚何於法？」此所謂「非笑唐虞也」。校補：二世，秦始皇子胡亥，嗣始皇之位。

〔七〕黄注：傅太后，元帝倢伃也，生定陶恭王，元帝崩，隨王歸國，稱定陶太后。成帝無繼嗣，太后賂趙昭儀，陰爲恭王子求漢嗣，又以從弟晏子爲王妃。明年，徵定陶王爲太子，是爲哀帝。帝即位，累尊太后爲皇太太后，太后父同産弟子孟子喜、中叔子晏、幼君子商、同母弟鄭輝子業俱封侯。太后既尊，後尤驕，與成帝母王太后語，至謂之嫗。陷馮太后以祝詛罪，令自殺。哀帝崩，王莽秉政，奏貶傅太后，號爲定陶恭王母。復奏發傅太后冢，以木棺代，去珠玉衣，歸定陶葬恭王冢次。孔鄉侯晏將家屬徙合浦，宗族皆歸故郡。趙皇后亦廢爲庶人。校補：注「同母弟鄭輝子業俱封侯」，程本、四庫本「輝」作「煇」。按字當作「惲」，鄭惲見漢書外戚傳下。又注「歸定陶葬恭王冢次」，漢書外戚傳下作「歸定陶葬丁姬媵妾之次」。丁姬，哀帝母也。「申意而怨於鄭」，鄭謂鄭崇。哀帝時崇爲尚書僕射，帝欲封祖母傅太后從弟商，崇諫止之，以爲壞亂制度，逆天人心，非傅氏之福。傅太后大怒曰：「何有爲天子乃反爲一臣所專制耶？」帝遂封商爲汝昌侯。事見漢書鄭崇傳。此所謂「申意而怨於鄭」也。

〔八〕校補：趙氏，指成帝趙皇后及其女弟昭儀等趙氏之族。姊娣二人受傅太后賂，敦促成帝立定陶恭王子爲太子。後趙昭儀自殺。哀帝崩，趙皇后復貶爲庶人，亦自殺。見漢書外戚傳下。「不然」，謂二世不申其欲、傅太后不申其意。言若非如此，則趙氏不致敗亡，而秦亦無過錯也。按趙氏之敗，實因姊娣專寵後宮，侈靡亂政，非全因受傅太后賂一事。

〔九〕黄注：威、怒，言申；喜、惠，言屈。

〔一〇〕校補：文選蜀都賦六臣注引李周翰云：「沛，水狀盛貌。」玉篇水部：「沛，滂沛也。」孟子梁惠王上「天油然作雲，沛然下雨」，「沛然」言其雨勢甚盛。謂人主之申己、屈己皆由義，故其喜怒恩威之勢，盛而不可抗禦。

或問曰難行〔一〕。曰：「若高祖聽戍卒，不懷居，遷萬乘不俟終日〔二〕；孝文帝不愛千里馬〔三〕；慎夫人衣不曳地〔四〕；光武手不持珠玉〔五〕，可謂難矣〔六〕。抑情絶欲不如是，能成功業者，鮮矣〔七〕。人臣若金日磾以子私謾而殺之〔八〕；丙吉之不伐〔九〕；蘇武之執節〔一〇〕，可謂難矣〔一一〕。」

〔一〕校補：錢校删「曰」字。按王本作「或曰」，無「問」字。於文當依錢校作「或問」。據下文，此問抑制性情欲望之難。

〔二〕黄注：齊人婁敬，戍隴西，過洛陽，脱輓輅，衣羊裘，因虞將軍見高祖，勸都秦地，張良又是其説，高祖即日車駕西都長安。校補：俟通竢，説文人部：「竢，待也。」「不俟終日」，謂即日而遷都。

〔三〕黄注：孝文時有獻千里馬者，帝曰：「鸞旗在前，屬車在後，吉行日五十里，師行日三十里，朕乘千里馬獨先，安之？」下詔不受。

〔四〕黄注：班固贊文帝身衣弋綈，所幸慎夫人衣不曳地。校補：古者上身之服曰衣，下身之服曰常（即裳也）。婦人上衣下裳相連，周禮天官内司服鄭玄注謂婦人「連衣裳，不異其色」是也。故曰「衣」乃並裳言之。「衣不曳地」，言其下裳短，不拖曳於地，謂節儉也。

〔五〕黄注：循吏傳叙曰：「光武身衣大練，色無重綵，耳不聽鄭衛之音，手不持珠玉之玩。」

〔六〕黄注：言三君者，以規獻帝也。

〔七〕校補：「抑情絶欲不如是」，猶言「不如是抑情絶欲」，倒言之耳。論語學而「而好犯上者，鮮矣」，集解：「鮮，少也。」按鮮讀上聲，字本作「尟」，俗又作「尠」，並音息淺切。

〔八〕黄注：日磾子二人，皆愛爲帝弄兒。其後壯大，不謹，自殿下與宮人戲，日磾適見之，惡其淫亂，遂殺弄兒，即日磾長子也。校補：漢書外戚傳下顔師古注：「謾，媟汚也。謾與慢同。」按謾、慢並同嫚，説文女部：「嫚，侮易也。」私謾，指其子與宫人嬉戲，私下行爲褻嫚。

〔九〕黄注：武帝末，吉以故廷尉監徵，詔治巫蠱郡邸獄。時宣帝生數月，以皇曾孫坐衛太子事繫。吉哀曾孫無辜，擇謹厚女徒，令保養曾孫，置閒燥處。望氣者言長安獄中有天子氣。上遣使令一切殺之，吉閉門拒使者，得全曾孫。曾孫病，吉數敕乳母加致醫藥，視遇甚有恩惠，以私財物給其衣食。自曾孫遭遇，吉絶口不道前恩。至宫婢則自陳嘗有阿保之功，辭引使者丙吉知狀，上親見問，然後知吉有舊恩，而終不言。上大賢之，制詔丞相，封吉爲博陽侯。校補：論語憲問皇侃疏：「伐，謂有功而自稱。」

〔一〇〕黄注：武留匈奴凡十九歲，始以彊壯出，及還，鬚髮盡白，拜爲典屬國。校補：「執節」，持守節操。後漢書安帝紀李賢注：「節，志操。」武使匈奴，二十年不降，於北海無人處牧羊。事見漢書本傳。

〔一一〕黄注：言三臣者，以諷操也。

或問厲志〔一〕。曰：「若殷高宗能葺其德，藥瞑眩以瘳疾〔二〕；衛武箴戒於朝〔三〕；勾踐懸膽於坐〔四〕，厲矣哉〔五〕。」

〔一〕校補：厲、勵古今字。下「厲矣哉」同。

〔二〕黄注：瞑眩者，令人憒悶之意。方言云：「凡飲藥而毒，東齊、海、岱間或謂之瞑，或謂之眩。」説命：「啟乃心，沃朕心。若藥弗瞑眩，厥疾弗瘳；若跣，弗視地，厥足用傷。」校補：高宗，武丁也，殷之賢王，見書君奭。吕氏春秋重言高誘注：「殷人尊之，故曰高宗。」文選陶徵士誄六臣注引吕向曰：「葺，修也。」孟子滕文公上：「書曰：若藥不瞑眩，厥疾不瘳。」趙岐注：「書，逸篇也。瞑眩，藥攻人疾，先使瞑眩憒亂，乃得瘳愈。」黄注引書説命乃僞古文，悦無由見而引其事。僞説命文全襲用國語楚語上「靈王虐，白公子張驟諫」章引武丁作書之文，韋昭注：「瞑眩，頓瞀（按猶言昏眩），攻己之急也。瘳，愈也。」

〔三〕黄注：武公和，釐侯子，年九十有五，猶箴儆于國曰：「自卿以下，至于師長、士，苟在朝者，無謂我老耄而舍，必恪恭于朝以交戒我。」又作賓之初筵、抑戒之詩以自警。校補：注「無謂我老耄而舍」，國語楚語上「舍」下有「我」字。按「舍我」，以老耄而捨棄我，謂不進諫。有「我」字是。又注「又作賓之初筵、抑戒之詩以自警」，「戒」字當衍，或當置「警」下。詩小雅賓之初筵序：「衛武公刺時也。」又大雅抑序：「衛武公刺厲王，亦以自警也。」

〔四〕黄注：勾踐反國，乃苦身焦思，置膽於坐，坐卧即仰膽，飲食亦嘗膽也，曰：「女忘會稽之恥耶？」

〔五〕黃注：言此，欲獻帝勵志以再振漢業也。

寵妻愛妾，幸矣〔一〕。其爲災也，深矣。災與幸同乎？曰：得則慶，否則災〔二〕。戚氏不幸，不人豕〔三〕；趙昭儀不幸，不失命〔四〕；栗姬不幸，不廢〔五〕；鉤弋不幸，不憂殤〔六〕，非災而何〔七〕？若慎夫人之知〔八〕，班婕妤之賢〔九〕，明德皇后之德〔一〇〕，邵矣哉〔一一〕。

〔一〕校補：漢書伍被傳顏師古注：「幸，非望之福也。」幸謂幸運。

〔二〕校補：「得」，當讀作「德」。下文「邵矣哉」句下，黃注引此正作「德則慶」。古得、德字通。國語周語下「有慶未嘗不怡」，韋昭注：「慶，福也。」謂妻妾有德者，幸爲人主所寵則爲福，否則是災也。

〔三〕黃注：戚氏，戚夫人也。高帝愛幸戚夫人，常從之關東。吕后年長，常留守，希見益疏。屢欲立戚夫人子如意爲太子，不果。高帝崩，吕后乃令永巷囚戚夫人，髡鉗衣赭衣，令舂。未幾，鴆殺趙王，遂斷戚夫人手足，去眼熏耳，飲瘖藥，使居鞠域中，名曰「人彘」。校補：言戚氏若非有爲人主所寵愛之幸，則不爲人豕。下解仿此。方言：「豬，關東西或謂之彘，或謂豕。」

〔四〕黄注：元帝始加昭儀之號，位視丞相，爵比諸侯王。顔師古曰：「昭顯其儀，示隆重也。」趙昭儀者，孝成皇后趙飛燕女弟也。后寵衰而絶幸，昭儀居昭陽館，顓寵十餘年。成帝崩，民間歸罪昭儀。皇太后詔治問皇帝起居發病狀，昭儀自殺。

〔五〕黄注：景帝立齊栗姬男爲太子，長公主嫖有女，欲與太子爲妃，栗姬妬，而景帝諸美人皆因長公主見得貴幸，栗姬日怨怒，謝長主，不許。會薄皇后廢，長公主日譖栗姬，景帝心銜之，而未發也。王夫人又陰使人趣大臣立栗姬爲皇后。大行奏事，文曰：「子以母貴，母以子貴，今太子母號宜爲皇后。」帝怒，遂案誅大行，而廢太子爲臨江王。栗姬愈恚，不得見，以憂死。

〔六〕黄注：鉤弋夫人姓趙氏，昭帝母也。進爲倢伃，居鉤弋宮，大有寵。元始三年生昭帝，號鉤弋子。姙身十四月乃生，武帝命其所生門曰堯母門。後欲立鉤弋子爲皇太子，以其年穉母少，恐女主顓恣亂國家，猶豫久之。鉤弋夫人從幸甘泉，有過見譴，以憂死，因葬雲陽。校補：按說文歺部：「殤，不成人也。」殤本謂夭折，此云「殤」，謂其以憂而早卒，未盡天年也。

〔七〕黄注：言戚氏、昭儀、栗姬、鉤弋，所謂「否則災也」。按靈帝何貴人甚有寵幸，性彊忌，光和三年立爲皇后。時王美人姙娠，畏后，乃服藥欲除之，而胎安不動，後生皇子協，即獻帝也。何皇后酖殺美人。至董卓立獻帝，乃遷何皇后於永安宮，亦酖弑之。悅以美人獻帝母也，不得顯言，故中漢前事，以爲鑒戒。

〔八〕黄注：孝文所幸慎夫人，在禁中嘗與皇后同席坐，袁盎引卻慎夫人，夫人怒，上亦怒，盎曰：「臣聞尊卑有序，則上下和。今既已立后，慎夫人乃妾耳，豈可同坐？陛下獨不見『人彘』乎？」上悦，乃召語慎夫人，夫人賜盎金五十斤。校補：知，謂明理。

〔九〕黄注：婕妤之號自武帝始，位視上卿，爵比列侯。婕，言接幸於上也；妤，美稱也。班婕妤者，彪之姑，況之女也。入後宫始爲少使，俄而大幸，爲婕妤，居增成舍。成帝嘗欲與婕妤同輦載，辭止，太后以樊姬擬之。婕妤每進見上疏，依則古禮。至趙飛燕譖告許后、婕妤祝詛後宫，詈及主上，皇后坐廢，婕妤以善對免。因恐久見危，乃求共養太后長信宫。

〔一〇〕黄注：明德馬皇后，伏波將軍援之少女。爲顯宗貴人時，賈氏生肅宗，帝命貴人養之，撫育過於所生。後有司奏立長秋宫，皇太后曰：「馬貴人德冠後宫，即其人也。」遂立爲皇后。愈自謙肅，能誦易，好讀春秋、楚辭，尤喜周官、董仲舒書。常衣大練，裙不加緣，每於侍執之際，輒言及政事，多所毘補，而未嘗以家私干。故寵敬日隆，始終無衰。校補：注「即其人也」，「即」原作「郎」，據程本、四庫本、龍谿精舍本改。

〔一一〕黄注：邵，高也。言慎夫人、班婕妤、馬皇后，所謂「德則慶也」。

爲世憂樂者，君子之志也〔一〕。不爲世憂樂者，小人之志也〔二〕。太平之世，事閑而民樂徧焉〔三〕。

〔一〕黄注：公於四海，覆載之度。

〔二〕黄注：私於一己，形骸之見。

〔三〕黄注：君子所樂。校補：文選魯靈光殿賦張載注：「閑，清閑也。」按説文「閑」訓木欄，借爲「清閒」之「閒」。「事閑」，謂清閑無事，故民皆安樂。

使遽者揖讓百拜，非禮也〔一〕。憂者弦歌鼓瑟，非樂也〔二〕。禮者，敬而已矣〔三〕；樂者，和而已矣〔四〕。匹夫匹婦處畎畝之中，必禮樂存焉爾〔五〕。

〔一〕黄注：窘急者無敬，故不可以成禮。校補：禮記儒行釋文：「遽，急也。」禮記聘禮鄭玄注：「讓，謂舉手平衡也。」揖與讓，皆禮敬之儀式。下文曰「禮者，敬而已矣」，禮主心誠敬，急促者心不能誠敬，則雖揖讓百拜，亦不成禮敬。左傳昭公二十五年：「子大叔見趙簡子，簡子問揖讓、周旋之禮焉，對曰：『是儀也，非禮也。』」蓋揖讓百拜，徒爲儀耳，心不誠敬，則不成禮也。

〔二〕黄注：愁慼者不和，故不可以爲樂。校補：樂，音五角切，音樂。説文木部：「樂，五聲八音總名。」荀子樂論「夫樂者，樂也」，上字音五角切，音樂也；下字音盧各切，和悦也。下文曰「樂者，和而已矣」，音樂主和悦，和悦生於心，心憂者雖撫弦而歌，彈瑟而舞，不成樂也。

〔三〕黄注：揖讓百拜云乎？ 校補：孝經廣要道：「禮者，敬而已矣。」唐玄宗注：「敬者，禮之本也。」

〔四〕黄注：弦歌鼓瑟云乎？ 校補：禮記樂記：「樂者，天地之和也。」

〔五〕黄注：敬、和斯須不離。 校補：詩大雅板孔穎達疏：「庶人無妾媵，唯夫婦相匹，故稱匹也。」匹夫匹婦，泛指庶民男女。史記夏本紀集解引鄭玄注：「畎，田間溝也。」畎畝，泛指田地。謂雖庶民之夫婦在田野者，必敬而和悦，不失禮樂之本也。

違上順道謂之忠臣〔一〕，違道順上謂之諛臣〔二〕。忠所以爲上也，諛所以自爲也〔三〕。忠臣安於心，諛臣安於身〔四〕。故在上者必察乎違順〔五〕，審乎所爲〔六〕，慎乎所安〔七〕。廣川王弗察，故殺其臣〔八〕。楚恭王察之而遲，故有遺言〔九〕。齊宣王其察之矣，故賞諫者〔一〇〕。

〔一〕黄注：逆君從道，所謂違而得道者。

〔二〕黄注：逆道從君，所謂順而失義者。

〔三〕校補：二「爲」字並讀去聲。

〔四〕校補：違上身不安，順上身安。違道心不安，順道心安。忠臣取心安，諛臣取身安。

〔五〕黄注：謂違上、違道，順上、順道。

〔六〕黄注：謂爲上、自爲。校補：爲亦讀去聲。

〔七〕黄注：謂安心、安身。校補：「慎」與上「察」、「審」並舉，慎亦審察之意。

〔八〕黄注：廣川惠王孫去，初年十四五，事師受易，師數諫正去，去益大，逐之。内史請以爲掾，師數令内史禁切王家，去使奴殺師父子。校補：「弗察」，謂劉去不察其師違己順道之忠。

〔九〕黄注：成公十六年，楚子救鄭，不聽申叔之言。及戰，吕錡射恭王中目，敗於鄢陵。至襄公十三年，楚子疾，告大夫曰：「不穀不德，少主社稷，生十年而喪先君，未及習師保之教訓而應受多福，是以不德，而亡師於鄢，以辱社稷，爲大夫憂，其弘多矣。若以大夫之靈，獲保首領以殁於地，唯是春秋窀穸之事所以從先君于禰廟者，請爲『靈』若『厲』，大夫擇焉。」此所謂「遺言」也。校補：注「吕錡射恭王中目」，左傳成公十六年「恭」作「共」。「察之而遲」，謂恭王悔不聽申叔之言。

〔一〇〕黄注：宣王喜文學遊説之士，自如鄒衍、淳于髡、田駢、接子、慎到、環淵之徒七十六人，皆命曰列大夫。爲開第康莊之衢，高門大屋，尊寵之，不治而議論。校補：「諫」，王本作「鑒」。經傳釋詞：「其，猶殆也。」按猶言近乎。「賞諫者」，「賞」指宣王開廣宅以尊寵鄒衍諸士；「諫者」指諸士不治事，唯議論而有所諫王也。

或問人君、人臣之戒。曰：「莫匪戒也〔一〕。」請問其要。曰：「君戒專欲，臣戒專利〔二〕。」

〔一〕校補：匪同非，謂無不爲君臣所當戒備者，故下文曰「請問其要」。

〔二〕校補：「專欲」，獨肆其欲；「專利」，獨佔利益。此節原連下節，今依錢校分出。

或問：「天子守在四夷，有諸？」曰：「此外守也。天子之内守在身。」曰：「何謂也？」曰：「至尊者，其攻之者衆焉。故便僻御侍攻人主而奪其財〔一〕，近幸妻妾攻人主而奪其寵〔二〕，逸遊伎藝攻人主而奪其志〔三〕，左右小臣攻人主而奪其行〔四〕，不令之臣攻人主而奪其事〔五〕，是謂内寇。自古失道之君，其見攻者衆矣〔六〕，小者危身，大者亡國。鯀、共工之徒攻堯〔七〕，儀狄攻禹〔八〕，弗能克，故唐夏平〔九〕。南之威攻文公〔一〇〕，申侯伯攻恭王〔一一〕，不能克，故晉楚興。萬衆之寇凌疆場，非患也〔一二〕；一言之寇襲於膝下〔一三〕，患之甚矣。八域重譯而獻珍〔一四〕，非寶也；腹心之人匍匐而獻善〔一五〕，寶之至矣。故明王慎内守，除内寇〔一六〕，而重内寶。」

〔一〕校補：便僻同便辟。荀子儒效楊倞注：「便辟，謂左右小臣親信者也。」詩小雅六月鄭玄箋：「御，侍也。」便僻御侍，指君側之近侍。攻本訓攻擊，引申爲侵害。文選晉紀總論六臣注引張銑注：「攻，害也。」「攻人主而奪其財」，謂近侍蠱惑人主以詐其財。

〔二〕校補：戰國策魏策四鮑彪注：「近，親也。」「近幸」，愛幸。謂愛幸妻妾媚惑人主以擅寵。

〔三〕校補：漢書五行志上「去貴近逸遊不正之臣」，逸遊，謂縱樂而不事正事。伎通技。史記孟嘗君傳「無他伎能」，集解：「伎，亦作技。」謂嬉戲技藝之人迷惑人主以喪其志也。

〔四〕校補：行讀去聲，德行也。謂左右小臣惑人主，使人主失德也。

〔五〕校補：商君書算地「故國有不服之民，主有不令之臣」，「不令」與「不服」互文，謂不從使令也。戰國策宋衛策「則君不奪太后之事矣」，高誘注：「事，政事也。」左傳昭公九年杜預注：「事，政令。」謂貳心之臣惑人主以奪其權。

〔六〕校補：詩小雅雨無正孔穎達疏：「見者，自彼加己之詞。」按猶今言「被」。

〔七〕校補：鯀、共工皆堯之臣，與三苗、驩兜並稱「四凶」，後堯殺鯀，流放共工。見書堯典、史記五帝本紀。

〔八〕校補：戰國策魏策二：「昔者帝女令儀狄作酒而美，進之禹，禹飲而甘之，遂疏儀狄，絶旨酒（按旨，味美），曰：『後世必有以酒亡其國者。』」

〔九〕校補：弗能克，謂鯀、共工之惡不能害堯，儀狄之酒不能惑禹。論語泰伯下集解引孔安國曰：「唐者，堯號。」公羊傳隱公元年何休注：「平，治也。」

〔一〇〕校補：戰國策魏策二：「晉文公得南之威，三日不聽朝，遂推南威而遠之，曰：『後世必有以色亡其國者。』」

〔一一〕校補：吕氏春秋長見載荆文王曰：「申侯伯善持養吾意（按持養即侍養、奉侍，猶言奉迎吾意），吾所欲則先我爲之，與處則安，曠之而不穀喪焉（謂隔而不見申侯伯，則我若有所失），不以吾身遠之，後世有聖人，將以非不穀。」荆文王即楚文王。事亦見新序一，而屬之楚共王。此云恭王，即共王。

〔一二〕校補：楚辭九歌國殤王逸注：「凌，犯也。」文選與陳伯之書六臣注引劉良曰：「疆場，邊陲也。」「場」從「易」，音羊益切。

〔一三〕錢校：以上百七十一字，原本並脱，據治要補。校補：按今據補。一言之寇，指上文御侍、妻妾、諸臣等以言惑人主者。膝下，謂近君身。云「一言」者，猶今云「一句話」，極言人主左右能惑主也。

〔四〕校補：上句「患之甚矣」下，黄注云：「（下）缺五字。」按據治要，此句原脱「八」字，「域」作「城」，錢校據治要改補，今從之。八域，中土外之八方異域。史記太史公自序「重譯款塞」，正義：「重譯，更譯其言也。」重讀平聲。異域遥遠，言語相隔，須輾轉遞相譯其言語，始曉其意，故曰「重譯」。獻珍，貢珍物異寶。

〔五〕校補：彗琳一切經音義十五引考聲：「匍匐，手據地伏行也。」引申爲盡力而爲。詩邶風谷風「匍匐救之」，鄭玄注：「匍匐，言盡力也。」獻善，謂進良言忠諫。

〔六〕錢校：「内寇」之「内」原作「外」，今據治要改。校補：今從治要改。

雲從于龍，風從于虎〔一〕，鳳儀于韶〔二〕，麟集于孔〔三〕，應也〔四〕。出於此，應於彼〔五〕，善則祥，祥則福，否則眚，眚則咎〔六〕，故君子應之〔七〕。

〔一〕黄注：易曰：「雲從龍，風從虎。」正義曰：「龍吟則景雲出，虎嘯則谷風生。」

〔二〕黄注：書曰：「簫韶九成，鳳凰來儀。」校補：注「來」下原脱「儀」字，據程本、四庫本、龍谿精舍本補，與書益稷合。簫韶，舜樂名，見書益稷。詩鄘風柏舟毛傳：「儀，匹也。」謂韶樂奏而鳳凰來相配。

〔三〕黄注：哀公十四年春，西狩獲麟。說左氏者云：「麟生於火而遊于土，中央軒轅大角之獸。春秋者，禮也。脩火德以致其子，故麟來而爲孔子瑞也。」陳欽云：「麟西方獸，孔子立言西方，故來。」劉向、尹更始皆以爲應孔子而至，賈逵、服虔、潁容等皆以爲文成致麟，而杜氏悉無所取。校補：注「春秋者，禮也」句上，當有「孔子作春秋」一句，見鄭玄駁五經異義獲麟。按左傳哀公十四年：「春，西狩於大野，叔孫氏之車子鉏商獲麟（杜預注：車子，微者。鉏商，名），以爲不祥，以賜虞人（杜預注：虞人，掌山澤之官）。仲尼觀之，曰：『麟也。』然後取之。」孔穎達疏引服虔云：「仲尼名之曰麟，明麟爲仲尼至也。」按麟應孔子而至，實漢人讖緯之說，無稽之言，杜注不取，是也。悦亦不信讖，此不過引典說事而已。

〔四〕校補：應讀去聲。廣韻去聲四十七證：「應，物相應也。」謂感應。

〔五〕校補：謂雲、風、鳳、麟出，應於龍、虎、韶樂、孔子。

〔六〕校補：玉篇目部：「眚，過也。」說文人部：「咎，災也。」

〔七〕黄注：言善否感應各從其類。校補：按「故君子應之」句上疑有脱文。又按此節原連上節，今從錢校分出。

君子食和羹以平其氣〔一〕，聽和聲以平其志〔二〕，納和言以平其政〔三〕，履和行以平其德〔四〕。夫酸鹹甘苦不同，嘉味以濟，謂之和羹〔五〕。宮商角徵不同，嘉音以章，謂之和聲〔六〕。臧否損益不同，中正以訓，謂之和言〔七〕。趨舍動静不同，雅度以平，謂之和行〔八〕。人之言曰「唯其言而莫予違也」，則幾於喪國焉。孔子曰：「君子和而不同〔九〕。」晏子亦云：「以水濟水，誰能食之？琴瑟一聲，誰能聽之〔一〇〕？」詩云：「亦有和羹，既戒且平。奏假無言，時靡有争。」此之謂也〔一一〕。

〔一〕校補：詩商頌烈祖「亦有和羹」，孔穎達疏：「羹者，五味調和。」慧琳一切經音義五十三引考聲云：「切肉或菜，調以五味，謂之羹。」平亦調和之謂。左傳襄公二十九年「五聲和，八風平」，平、和互文，平亦和也。文選琴賦六臣注引吕向曰：「平，和調也。」「平其氣」，謂調和血氣。

〔二〕校補：「平其志」，謂調和心情也。按此「志」指情言。説文心部：「志，意也。」意念在内則爲志，發於外則爲情，故情亦或謂之志。左傳昭公二十五年「以制六志」，杜預注：「爲禮以制好、惡、喜、怒、哀、樂六志，使不過節。」孔穎達疏謂「六志」即「六情」。

〔三〕校補：「平其政」，謂調和政事，達於中正之治。

〔四〕校補：「平其德」，謂調和德行，合於中庸之道。

〔五〕校補：禮記禮運鄭玄注：「五味，酸、苦、辛、鹹、甘也。」此不言辛辣者，以上下句皆四字成文也。「嘉味以濟」，猶言「以酸鹹甘苦濟嘉味」。助字辨略：「以，猶因也。」義同今言「憑借」。濟通齊，調和也。禮記少儀鄭玄注：「齊，和也。」齊音在計切，字又作「劑」。謂五味雖不同，因五味而可配成嘉味，是謂調和之羹。

〔六〕校補：書舜典「聲依永」，僞孔傳：「聲謂五聲，宫、商、角、徵、羽。」此不云羽聲者，亦以四字成文。「嘉音以章」，章同彰。謂五聲雖不同，因五聲而可彰顯嘉音，是謂協和之聲。

〔七〕校補：臧，以爲善也。説文臣部：「臧，善也。」否音並鄙切，以爲惡也。易師釋文：「否，惡也。」損，貶之也；益，褒之也。凡於事之是非得失，人之所見不同，故謂之「臧否損益」。「中正以訓」，訓通順，見前文「前惟順」注。「中正以訓」，即「以訓中正」。謂人言不同，褒貶各異，兼聽之則不失偏頗，故云因衆言可從於中正之説。謂之「和言」者，衆言異同相濟，因其言而得中正之言，是爲「和言」，亦猶五味不同而可成和羹之嘉味，五聲不同而可彰和聲之嘉音也。

〔八〕校補：趨，欲而取也；舍同捨，不欲而捨也。動，爲也；静，不爲也。趨舍動静，指人之所作所爲言。「雅度以平」即「以平雅度」，謂調爲中規之行。玉篇隹部：「雅，正也。」度，規度、法度。平，和調，見前「君子食和羹以平其氣」注。蓋人之於事，或取或捨，或爲或不爲，各有不同，調和之以糾其偏，則行爲中於規矩，是謂「和行」。

〔九〕黄注：俱論語文。校補：論語子路：「人之言曰：『予無樂乎爲君，唯其言而莫予違也。』不幾乎一言而喪邦乎？」邢昺疏：「言我無樂於爲君，所樂者，唯樂其言而不見違也。」按爲君者，兼聽則明，偏聽則暗。不廣納衆言，至於以人不違己言爲樂，是專斷之極，故有人云「唯其言而莫予違」者，不近乎一言而亡國哉。論語子路又云：「子曰：君子和而不同。」集解：「君子心和，然其所見各異，故曰不同。」

〔一〇〕黄注：晏子謂齊侯曰：今據不然，君所謂可，據亦曰可；君所謂否，據亦曰否。若以水濟水，誰能食之？若琴瑟之專壹，誰能聽之？同之不可也如是。」周太史伯告鄭桓公曰：「聲一無聽，物一無文，味一無果，物一不講。」校補：濟通齊，字亦作「劑」，見上「嘉味以濟」注。嘉味須五味調和，今以水調水，誰能食之甘口？嘉音須五聲協和，今琴瑟唯奏一聲，誰能聽之悦耳？以上舉論語、晏子語，皆誡人君宜開言路，議論務在寬厚，毋獨斷而黨同伐異。

〔一一〕黄注：詩殷頌文。亦晏子所引。按後漢劉曼山著辨和同之論，則當時在位之閹僞阿媚可知矣。至獻帝時尤甚，故悦以爲言。校補：注「後漢劉曼山著辨和同之論」，後漢書文苑列傳下「辨」作「辯」。「既戒且平，奏假無言」，詩商頌烈祖作「既戒既平，鬷假無言」，按禮記中庸引「鬷」作「奏」，鬷、奏字通。左傳昭公二十年晏子引詩商頌烈祖「亦有和羹，既戒既平，鬷嘏無言，時靡有争」，杜預注：「詩頌殷中宗，言中宗能與賢者和齊可否，其政如羹，敬戒且平。和羹備五味，異於大羹。鬷，總也。嘏，大也。言總大政，能使上下皆如和羹。」歐陽修詩本義十二云：「左傳魯昭二十年，晏子爲齊侯陳和、同之異，云『和如羹焉』者，其意本譏齊侯與子猶同欲，不得爲和也。因引和羹爲喻，以謂和者鹹酸異味相濟爲和，以喻君臣以可否相濟爲和，故曰『君臣亦然』。因引此頌云『亦有和羹』，但謂羹當以五味相和爾。古人引詩喻事，多不用詩本義，但取其一句足以曉意而已。」按歐陽説是也。晏子引烈祖詩「和羹」，其意乃比喻君臣以可否相濟爲和，如五味之成和羹，不宜同而不和，如一味之大羹也。故杜預亦因其意而注解，與本詩毛傳、鄭箋異。又按黄注劉曼山，即梁，字曼山，梁孝王武宗室後人。桓帝時舉孝廉，後召拜尚書郎，靈帝光和中卒。見後漢書文苑列傳下。其論和、同，略云：「夫事有違而得道，有順而失義，有愛而爲害，有惡而爲美，其故何乎？蓋明智之所得，闇僞之所失也。是以君子之於事也，無適無莫，必考之以義焉。得由和興，失由同起，故以可濟否謂之和，好惡不殊謂之同。春秋傳曰：『和如羹焉，酸苦以劑其味，君子食之以平其心。同如水焉，若以水濟水，誰能食之？琴瑟之專一，誰能聽之？』是以君子之行周而不比，和而不同，以救過爲正，以匡惡爲忠。」

雜言下第五

衣裳，服者不昧於塵塗，愛也〔一〕。衣裳愛焉，而不愛其容止，外矣〔二〕。容止愛焉，而不愛其言行，末矣〔三〕。言行愛焉，而不愛其明，淺矣〔四〕。故君子本神爲貴，神和德平而道通，是爲保真〔五〕。人之所以立德者三〔六〕，一曰貞，二曰達，三曰志。貞以爲質〔七〕，達以行之〔八〕，志以成之，君子哉〔九〕！必不得已也，守一於茲，貞其主也〔一〇〕。人之所以立檢者四〔一一〕，誠其心，正其志，實其事〔一二〕，定其分〔一三〕。心誠則神明應之，況於萬民乎〔一四〕？志正則天地順之，況於萬民乎〔一五〕？事實則功立〔一六〕，分定則不淫〔一七〕。曰：「才之實也，行可爲，才不可也〔一八〕。」曰：「古之所以謂才也本，今之所謂才也末也，然則以行之貴也〔一九〕。無失其才，而才有失〔二〇〕。先民有言：『適楚而北轅者〔二一〕，曰：「吾馬良，用多，御善。」』此三者益侈，其去楚亦遠矣〔二二〕。遵路而騁，應方而動〔二三〕，君子有行，行必至矣〔二四〕。」

〔一〕黄注：昧，污闇。塗，泥也。衣裳者，身之法象，固不可不潔。校補：愛，讀如論語八佾「爾愛其羊，我愛其禮」之愛。禮記表記鄭玄注：「愛，惜也。」愛謂珍惜。下文同。

〔二〕黄注：容止者，人之符表，尤不可不正。校補：禮記月令鄭玄注：「容止，猶動静。」孝經聖治「容止可觀」，唐玄宗注：「容止，威儀也。」容止謂儀容舉止。珍惜衣裳而無視舉止，則僅重服飾外表也，故曰「外矣」。

〔三〕黄注：言行者，人之樞機，尤不可不慎。校補：僅珍惜舉止，不重言行，是尚猶重末而輕本也，故曰「末矣」。

〔四〕黄注：明者，心之神哲，尤不可不瑩。校補：錢校「明」上補「神」字，云「依下文補」。按此「明」指心明，故黄注云「明者，心之神哲」。下句「故君子本神爲貴」，「神」亦即神智，承此「明」字言。若下文「心誠則神明應之」，彼「神明」指神祇，與心明無涉，錢補未是。玉篇明部：「明，察也。」商君書修權：「不蔽之謂明。」新書道術：「知道者謂之明。」凡心之達理、知人知事皆謂之明。僅珍惜言行，不重心之明察，則所惜猶淺。

〔五〕校補：黄帝内經素問八正神明論王冰注：「神，神智通悟。」神謂精神、神智。淮南子精神：「神者，心之寶也。」文選漢書述高紀第一李善注：「以内知外曰神。」「心之寶」、「以内知外」，即神智之謂，猶今言意識。説文木部：「木下爲本。」本即樹木之根。此「本神」之「本」作動字用。「君子本神爲貴」，言君子貴以神智爲根本，蓋神智清則心明也。「神和德平而道通」，和、平互文，平亦和也。玉篇亏部：「平，和也。」謂神智和泰，德行中和，則通於正道。莊子秋水「是謂反其真（按反同返）」，成玄英疏：「是謂反本還原，復其真性者也。」真者，人之天性。「保真」，謂守己之本性，不染於外邪。按上文謂衣裳不污於塵泥云云，逐次申説，至此「保真」收結。

〔六〕校補：德，德行。

〔七〕黄注：質，實也，主也。校補：廣雅釋詁：「貞，正也。」獨斷下：「清白自守曰貞。」貞謂正直純一。

〔八〕校補：廣雅釋詁：「達，通也。」論語顔淵集解引孔安國曰：「達，謂通於物理。」達謂通達事理。「達以行之」，謂明理以行事。

〔九〕校補：「志以成之」，謂立志以成事。「君子哉」，謂如此乃爲君子。

〔一〇〕校補：「必不得已」，承上「立德者三」言，謂若必不能三者兼立。「守一於茲」，茲，此也，指己身。三者不能兼立，則守身以貞爲主。

〔一一〕校補：荀子儒效楊倞注：「檢，束也。」「立檢」謂約束己身。

〔一二〕校補：「實其事」，行事務實。

〔一三〕校補：守定本分。

〔一四〕黄注：誠格幽明。校補：左傳莊公三十二年：「神，聰明正直而壹者也。」故神謂之「神明」。禮記表記鄭玄注：「神明，羣神也。」「況於萬民乎」，謂心誠神猶應己，況在萬民乎？言萬民皆應。下句解仿此。

〔一五〕黄注：正通上下。

〔一六〕黄注：表裏相顧。校補：事務實，則功成而不虛。

〔一七〕黄注：思不出位。校補：詩周南關雎孔穎達疏：「淫，過也，過其度量謂之爲淫。」凡過度、過分、過甚皆謂之淫。「分定則不淫」，分讀去聲，謂守定本分則無肆意之行、縱心之念也。

〔一八〕校補：此「曰」爲或曰。「才之實也」語似未完，疑文有脱誤。或「實」當作「貴」，字之誤也。下文悦曰「然則以行之貴也」，即承此「才之貴」而答。又下節或曰「聖人所以爲貴者，才乎」，故此曰「才之貴也」。行讀去聲。德行在於修治，故曰「行可爲」。才能秉於天授，故曰「才不可也」，言不可修爲。又按自此以下所論，與上文無涉，疑當屬下節。

〔一九〕校補：此「曰」爲悦之答或曰。「所以謂」當作「所謂」，與下句一例。「本」指有德之才，「末」指無德之才。古之所謂「才」者，謂德才兼備也。離德則謂之「不才」。左傳文公十八年謂昔高陽氏、高辛氏皆有才子八人，號「八元、八凱」，或稱其「齊聖廣淵，明允篤誠」，或稱其「忠肅共懿，宣慈惠和」，皆以有德而稱才。又謂帝鴻氏、少皞氏、顓頊有不才之子，或稱其「掩義隱賊，好行凶德」，或稱其「毁信廢忠，崇飾惡言」，或稱其「傲狠明德，以亂天常」，皆以無德而謂之不才。然則才之所貴在德，視其行之何如，故曰「以行之貴」，猶言貴以行之。

〔二〇〕校補：「無失其才」，謂人毋失才之所用，蓋有德行則得其才之用。「而才有失」，謂才誤人也，蓋無德行則才反使人有失。

〔二一〕校補：爾雅釋詁：「適，往也。」「轅」作動字用，謂駕轅而驅車。「北轅」，車北行也。

〔二二〕黄注：此喻爲不善而有才者。校補：戰國策魏策四，季梁謂魏王曰：「今者臣來，見人於大行（鮑彪注：行，道也），方北面而持其駕，告臣曰：『我欲之楚。』臣曰：『君之楚，將奚爲北面？』曰：『吾馬良。』臣曰：『馬雖良，此非楚之路也。』曰：『吾用多（高誘注：用，資也）。』臣曰：『用雖多，此非楚之路也。』曰：『吾御者善。』此數者愈善，而離楚愈遠耳。」按悦引此事，以喻有才而無德，則才愈多而失之愈遠，即注所謂「此喻爲不善而有才者」也。

〔二三〕黄注：不至於適楚北轅。

〔二四〕黄注：此喻爲善而有才者。校補：文選七命六臣注引吕向曰：「應，從也。」循其路、從其方而行，則行必至。按此喻君子有才，必以德用之。即注所謂「此喻爲善而有才者」。

或問：「聖人所以爲貴者，才乎？」曰：「合而用之，以才爲貴〔一〕。分而行之，以行爲貴〔二〕。舜禹之才而不爲邪，甚於〔三〕矣〔四〕；舜禹之仁，雖亡其才，不失爲良人哉〔五〕。」

〔一〕黄注：如元、愷之類，才配乎德，體用兼全，故聖人貴才。

〔二〕黄注：若徒有智能技藝，而不本於德，末之尚矣。校補：「分而行之」，謂德、才單用之，行讀平聲，施用也。「以行爲貴」，「行」讀去聲，德行也。

〔三〕黄注：缺字。

〔四〕黄注：此所謂合而用之，以才爲貴也。校補：按據下文曰「舜禹之仁，雖亡其才，不失爲良人哉」，則此「甚於」下當脱「亡」字。論語衛靈公「民之於仁也，甚於水火」，皇侃疏：「甚，猶勝也。」亡，無也。人有舜禹之仁，雖無其才，猶不失爲良人。人有舜禹之才而不爲邪，則有其仁而兼有其才也，是則勝於無其才，故曰「舜禹之才而不爲邪，甚於亡矣」。與下文對勘，則此處脱一「亡」字甚明。

〔五〕黄注：此所謂分而行之，以行爲貴也。

或問：「進諫、受諫孰難？」曰：「後之進諫難也，以受之難故也〔一〕。若受諫不難，則進諫斯易矣〔二〕。」

〔一〕黄注：後，謂後世。言臣畏犯顏，由君拒諫而然。

〔二〕黄注：主明臣直。校補：經傳釋詞：「斯，猶乃也。」

或問：「知人、自知孰難？」曰：「自知者，求諸内而近者也〔一〕；知人者，求諸外而遠者也，知人難哉〔二〕。若極其數也，明有内以識，有外以暗〔三〕；或有内以隱〔四〕，有外以顯〔五〕。然則知人、自知，人則可以自知，未可以知人也，急哉〔六〕。用己者，不爲異則異矣〔七〕。君子所惡乎異者三，好生事也，好生奇也，好變常也。好生事則多端而動衆〔八〕，好生奇則離道而惑俗，好變常則輕法而亂度。故名不貴苟傳，行不貴苟難〔九〕。權爲茂矣，其幾不若經〔一〇〕；辯爲美矣，其理不若絀〔一一〕；文爲顯矣，其中不若樸〔一二〕；博爲盛矣，其正不若約〔一三〕。莫不爲道〔一四〕，知道之體，大之至也〔一五〕。莫不爲妙，知神之幾，妙之至也〔一六〕。莫不爲正，知〔一七〕正之〔一八〕，正之至也。故君子必存乎三至，弗至，斯有守無誖焉〔一九〕。」

〔一〕黄注：反觀内省，神明莫遁，自知易也。

〔二〕黄注：密意深心，矯言飾行，知人難也。

〔三〕黄注：明於自知，昧於知人。

〔四〕校補：「或」，原作「全」，據王本、龍谿精舍本改。

〔五〕黄注：昧於自知，明於知人。校補：上「明有内以識」句不可通，注謂「明於自知」，又注下句「或有内以隱」謂「昧於自知」，然此四句皆論知人之難，非論自知也。疑「明有内以識」當作「或有内以明」。文當作「若極其數也，或有内以明，有外以暗；或有内以隱，有外以顯」。以猶而也，見經傳釋詞。言或有内而明，有外而暗；或有内而隱，有外而顯也。此以「明」與「暗」對，「隱」與「顯」對，明暗亦即隱顯，四句之意實祇二句。「若極其數也」乃承上「知人難哉」言，謂若盡計數知人之所以難者。玉篇木部：「極，盡也。」説文攴部：「數，計也。」要言之，此謂若盡計數知人之難，則人或内顯而隱其外，或外顯而隱其内。蓋言人之内心與外表不一，或心意昭然可測，而不露於外；或外佯爲此，而内則意在彼，故謂知人難。按悦此論當有所感而發，觀韓非子説難一篇，備言知人議事之難，與悦之當時朝議難測相似，則可揣度悦言此之意。

〔六〕黄注：二者較之，知人固難，而自知爲急也。校補：注似嫌增字解文。蓋原文僅云「急哉」，不當演爲二者相較，自知爲急。今按管子問「舉知人急」，尹知章注：「急，困難也。」急有窘困、爲難之義。此云「急哉」者，承上「未可以知人」言，謂知人難哉。上文亦云「知人難哉」，此云「急哉」，急亦難也。

〔七〕校補：按此下一段，與上文論自知、知人無涉，當是他節之文而誤錯於此節。論語公冶長「其行己也恭」，墨子貴義「今士之用身，不若商人用一布之慎也」，「用己」即行己、用身，猶言處身行事。「不爲異則異矣」，爲讀去聲，「則」於義當爲「而」，經傳釋詞：「則，猶而也。」下曰「君子所惡乎異者三」，故此云君子行己，不爲立異而故爲異也。

〔八〕校補：多端，謂事多紛拏；動衆，勞衆也。

〔九〕黄注：言生事、生奇、變常三者，其名苟傳之名，其行苟難之行，何貴之有？校補：苟，苟且。只圖傳名於後，只圖行難事以立異，而不顧其當否，是謂「苟傳」、「苟難」。

〔一〇〕黄注：權不如經。校補：韓詩外傳二：「常謂之經，變謂之權。」經謂常法，權謂權變。「茂」與下「美」、「顯」、「盛」義同，皆謂其外光美。法言先知「或問爲政有幾」，李軌注：「幾，要也。」幾同機，本義爲弩牙，引申爲機要、關鍵。謂權變雖顯於一時，其於得事之關要則不如常法。

〔一一〕黄注：辯不如絀，老子曰：「大辯若訥。」校補：絀、拙同聲相通。説文手部：「拙，不巧也。」拙訓不巧，引申有樸實無華之義。韓非子説林上「詐巧不如拙誠」，老子四十五章「大巧若拙」，拙皆謂樸拙。謂巧辯雖悦耳，其於得事理則不及率真之言也。

〔一二〕黄注：文不如樸。校補：文與樸對，文謂文飾。中讀去聲。漢書成帝紀「舉錯不中（按錯同措）」，顔師古注：「中，當也。」謂文飾雖耀眼，不如質樸之允當也。

〔一三〕黄注：博不如約。校補：謂博學雖宏盛，不如精約之得其正理也。

〔一四〕黄注：「道」當作「大」。

〔一五〕校補：按黄校「莫不爲道」當作「莫不爲大」，是。爲猶求也。戰國策東周策「徐爲之東」，鮑彪注：「爲，猶謀求也。」謂無有不求大，而知道之體要，是大之至也。

〔一六〕校補：妙謂玄妙。幾同機，關要，見上「其幾不若經」注。易繫辭上「陰陽不測謂之神」，韓康伯注：「神也者，變化之極，妙萬物而爲言，不可以形詰者也（按謂變化莫測，不可推究其形）。」孔穎達疏：「本其所由之理，不可測量之謂神也。」莊子天地「立之本原，而知通於神」，成玄英疏：「神者，不測之用也。」按行之變化無測、謀之出人意表，謂之神。如神技、神巧、神算、神謀、神思，皆謂其玄妙神奇、變幻莫測也。謂無有不求玄妙，而知神妙之關要者，是妙之至也。

〔一七〕黄注：缺一字。

〔一八〕黄注：缺一字。校補：按上文「知道之體」、「知神之幾」皆四字成文，此「正之」上下若各缺一字，則五字爲文，與上不一律。疑當作「知□之正」，今本作「知正之」，脱一字而文又誤倒。

〔一九〕校補：管子七法「存乎聚財」，尹知章注：「存，謂專立意以存之。」按存謂意念所在，即專注、留意。誖同悖，説文「悖」爲「誖」之或體。漢書外戚傳下「誖天犯祖」，顔師古注：「誖，違也。」謂君子必專注於至大、至妙、至正。若「三至」不能至，則有所守而毋違。守者，下節所謂「聖典」是。按下節云「或問守」云云，即承此「有守無誖」而問，疑本當屬一節之文。

或問守。曰：「聖典而已矣〔一〕。若夫百家者，是謂無守〔二〕。莫不爲言，要其至矣〔三〕。莫不爲德，玄其奥矣〔四〕。莫不爲道，聖人其弘矣〔五〕。聖人之道，其中道乎？是爲九達〔六〕。」

〔一〕黄注：聖典謂六經。

〔二〕校補：謂百家之言不能執守聖人之道，故曰「無守」。百家，諸子也。

〔三〕校補：按下節云「辭約謂之要」，要謂精要、旨要。玉篇至部：「至，極也。」謂無不有言，其能辭約意深，是言之最上也。

〔四〕校補：荀子正名楊倞注：「玄，深隱也。」書舜典「玄德升聞」，僞孔傳：「玄謂幽潛，潛行道德。」國語周語中韋昭注：「奥，深也。」謂無不行德，能潛行其德，是德之深也。

〔五〕黄注：言聖典百家皆言、皆德、皆道，而唯聖典爲至、爲奥、爲弘也。校補：「聖人其弘矣」，弘，大也，謂聖人之道爲大。

〔六〕黄注：爾雅曰：「九達之謂逵。」謂四道交出，復有旁通也。言聖道無所不達，百家則私蹊曲徑而已。校補：注「九達之謂逵」，「逵」原作「達」，據程本、四庫本改，與爾雅釋宫合。孟子盡心下：「孔子豈不欲中道哉？」趙岐注：「中正之大道也。」按中道即中庸之道，所謂不偏不倚者。無所偏倚則無所差失，無往而不順，如道路之無所不達，故曰「是爲九達」。

或曰：「辭，達而已矣〔一〕。」「聖人以文，其隩也有五〔二〕，曰玄，曰妙，曰包，曰要，曰文。幽深謂之玄〔三〕，理微謂之妙〔四〕，數博謂之包〔五〕，辭約謂之要〔六〕，章成謂之文〔七〕。聖人之文成此五者，故曰不得已〔八〕。」

〔一〕校補：達，謂達意。論語衛靈公：「子曰：辭，達而已矣。」皇侃疏：「言語之法，使辭足宜達其事而已，不須美奇其言，以過事實也。」朱熹集注：「辭取達意而止，不以富麗爲工。」此蓋或問論語「辭達」之義。

〔二〕校補：「聖人」云云以下，乃悦之言。「聖人以文」，四字當爲句。玉篇人部：「以，用也。」楚辭九章涉江「忠不必用兮，賢不必以」，用、以互文，王逸注：「以，亦用也。」隩通奥。謂聖人行文，其精奥者有五。或讀「聖人以文其隩也有五」爲一句，則謂聖人以五者文飾其精奥。按前讀義長。

〔三〕黄注：渾渾若川，不可窮測。校補：玄，謂意之深。

〔四〕黄注：奥發天地，幾宣鬼神。校補：妙，謂理之精。荀子解蔽楊倞注：「微，精妙也。」

〔五〕黄注：辭兼費隱，義徹上下。校補：荀子勸學「其數則始乎誦經」，楊倞注：「數，術也。」包，謂術之廣。

〔六〕黄注：簡而不繁，要而不縟。

〔七〕黄注：炳若丹青，光如日月。校補：章，謂有文采。玉篇音部：「章，采也。」字同「彰」。

〔八〕校補：按云「故曰」者，則言「不得已」於上文當有所承應，今並無相應之語，疑此節有脱文。

君子樂天知命，故不憂〔一〕。審物明辨，故不惑〔二〕。定心致公，故不懼〔三〕。若乃所憂懼則有之，憂己不能成天性也，懼己惑之〔四〕。憂不能免，天命無惑焉〔五〕。

〔一〕黄注：易繫辭文。仁，故不憂。校補：易繫辭上：「樂天知命，故不憂。」韓康伯注：「順天之化，故曰樂也。」孔穎達疏：「順天施化是歡樂於天，識物始終是自知性命。順天道之常數，知性命之始終，任自然之理，故不憂也。」按古謂命之窮通、壽夭皆禀受於天，故順天而樂，知命而不自憂，以盡己天命之終始也。

〔二〕黄注：知，故不惑。校補：「明辨」爲複語，文選陶徵士誄六臣注引吕延濟曰：「辨，明也。」審察事物明晰，故不惑。

〔三〕黄注：勇，故不懼。校補：説文宀部：「定，安也。」

〔四〕校補：天性，即下「天命無惑焉」之「天命」。書西伯戡黎「不虞天性」，孔穎達疏：「而王不度知天命所在。」是天性即天命。「不能成天性」，謂不能盡天命。書益稷孔穎達疏引鄭玄注：「成，猶終也。」下節云「故驕則奉之不成，濫則守之不終」，亦以成、終互文。此承上「君子樂天知命」言，謂憂己不能樂天而盡命。「懼己惑之」，承上「審物明辨，故不惑」言，謂懼己不能明察於事。

〔五〕校補：憂己不能順天命而終，則憂不可免，蓋唯憂之，而後能慎行順天命也。然雖憂之，於天命則不可有惑。

或問性命。曰：「生之謂性也，形、神是也〔一〕。所以立生、終生者之謂命也，吉凶是也〔二〕。夫生我之制，性命存焉爾〔三〕。君子循其性以輔其命，休斯承，否斯守〔四〕，無務焉，無怨焉〔五〕。好寵者乘天命以驕〔六〕，好惡者違天命以濫〔七〕，故驕則奉之不成〔八〕，濫則守之不終〔九〕。好以取怠〔一〇〕，惡以取甚〔一一〕，務以取福〔一二〕，惡以成禍〔一三〕，斯惑矣。」

〔一〕黄注：此本告子之説，以氣言性。莊子曰：「性者，生之質也。」

〔二〕黄注：吉凶，貧富貴賤、壽夭禍福之類。此亦以氣言命。校補：性、命對言有别，性謂秉性，命謂生命，見俗嫌篇「或問凡壽者必有道」一節注。生來所稟受者謂之「性」，如形體、神智是也，故曰「生之謂性也，形、神是也」。立生終其一世，其壽之長短、運之通塞有吉有凶，謂之命，故曰「所以立生、終生者之謂命也，吉凶是也」。注云：「此本告子之説，以氣言性。」按告子言「生之謂性」，見孟子告子上。朱熹集注以性爲「人之所得於天地之理」，生爲「人之所得於天地之氣」，實即以神、形所秉分言之。此文曰「性」者，合神、形言之，故注謂「以氣言性」。按「理氣」乃理學之説，與此無涉。

〔三〕校補：「焉」字原作墨丁，據程本、四庫本、王本、龍谿精舍本補。制，謂定制。人生來有性有命，此一定不移者，故曰「制」。

〔四〕黄注：休，吉；否，凶。校補：注「休」、「否」二字原作墨丁，據程本補。「循其性以輔其命」，謂順其天賦之性以輔其天命之終始。否，音並鄙切。易否釋文：「否，塞也。」又：「休，美也。」休、否指命言，謂命通則承之，命窮則守之。此即易繫辭上「樂天知命」之謂。

〔五〕黄注：富貴無務，貧賤無怨。校補：吕氏春秋孝行高誘注：「務，猶求也。」

〔六〕黄注：好寵者爲勢位所溺，故乘富貴之命而驕，則踰節陵分之事興矣。校補：好讀去聲，下並同。「好寵」，好尊榮。國語楚語上韋昭注：「寵，榮也。」

〔七〕黄注：好惡者爲饑寒所逼，故違貧賤之命而濫，則苟且邪僻之行作矣。校補：「好惡」，好行惡也。論語衛靈公「小人窮斯濫矣」，集解：「濫溢爲非也。」

〔八〕黄注：「奉」當作「承」。不成承休。校補：按黄校是。此句承上「休斯承」言。「不成」與下句「不終」互文，成亦終也，見上節「憂己不能成天性也」句注。謂驕則承其休美之命不能終。

〔九〕黄注：不終守否。校補：此句承上「否斯守」言。

〔一〇〕校補：按「好」，當作「寵」。今本「寵」作「好」者，疑後人據下句「惡以取甚」妄改，以好、惡對文。不知此「寵以取怠」乃承上文「好寵者乘天命以驕」言之，下句「惡以取甚」乃承上文「好惡者違天命以濫」言之也。怠、殆同聲相通。説文歺部：「殆，危也。」

〔二〕校補：甚、湛同聲相通。莊子天地「沐甚雨」，釋文引崔譔本「甚」作「湛」。説文水部：「湛，没也。」「惡以取甚」謂行惡者自取傾没。

〔三〕校補：按上文曰「無務焉」，黄注：「富貴無務。」此云「務以取福」，則於義不順。上下文云「怠」、云「甚」、云「禍」，皆言其終不得善果，云「取福」則不類。福疑讀爲逼，同從「畐」得聲。畐亦即「逼」之古字，又作「偪」。戰國策齊策三「福三國之君」，姚宏校引劉敞本「福」作「逼」。晉書音義卷中列傳八：「逼，或作福。」並其相通之例。取逼，謂自取困迫也。

〔三〕黄注：「惡」當作「怨」。怨則不守，不守則濫，故曰成禍。校補：按黄校是。「怨」承上文「無怨焉」言。

或問天命、人事。曰：「有三品焉〔一〕。上下不移，其中則人事存焉爾。命相近也，事相遠也，則吉凶殊矣〔二〕。故曰：窮理盡性以至於命〔三〕。孟子稱性善〔四〕，荀卿稱性惡〔五〕，公孫子曰性無善惡〔六〕，揚雄曰人之性善惡渾〔七〕，劉向曰性情相應，性不獨善，情不獨惡〔八〕。」曰：「問其理。」曰：「性善則無四凶〔九〕，性惡則無三仁〔一〇〕。人無善惡，文王之教一也，則無周公、管、蔡〔一一〕。性善情惡，是桀紂無性而堯舜無情也〔一二〕。性善惡皆渾，是上智懷惠，而下愚挾善也。理也未究矣〔一三〕。惟向言爲然〔一四〕。」

〔一一〕校補：漢書匈奴傳上顏師古注：「品謂等差也。」

〔一二〕黄注：孔子曰「性相近也」，今既曰命，命無不善，不當云「相近」矣。校補：論語陽貨「子曰：性相近也，習相遠也」，又「子曰：唯上知與下愚不移（「知」一作「智」）」，其意謂人性本相近，而有善惡之分者，習使然也。習善則移於善，習惡則移於惡，唯上智與下愚者不能移。悦仿孔子語，而易「性」爲「命」，易「習」爲「事」，故注謂言「命」不當云「相近」。按悦之答乃承上或問天命與人事之關係，其意蓋謂人於己之命運，其吉凶之殊在盡人事與否，盡人事則吉，否則凶，下文所謂「窮理盡性以至於命」，即盡人事之意，非謂人人命運皆相近也。然云「命相近」，則實有語病。

〔一三〕黄注：易繫辭文。校補：按此説卦文。説卦韓康伯注：「命者生之極，窮理則盡其極也。」孔穎達疏：「命者，人所稟受，有其定分，從生至終，有長短之極，故曰『命者生之極』也。此所賦命，乃自然之至理，故窮理則盡其極也。」按「窮理盡性以至於命」，謂窮究自然之理，盡順其天賦之性，以達於天命之善終。

〔四〕校補：按自此以下皆轉論人性之善惡，與上文論命之吉凶不相貫，似非一節之文。孟子滕文公上：「性者，人所稟於天以生之理也，渾然至善，未嘗有惡。」又論衡本性云「孟子作性善之篇，以爲人性皆善，及其不善，物亂之也」，彼性善篇見孟子外書，趙岐孟子題辭以爲後世依托之作。

〔五〕黄注：荀子有性惡篇，大抵言人之性本惡，其善者僞也。校補：荀子性惡云：「人之性惡，其善者僞也。」楊倞注：「僞，爲也。凡非天性而人作爲之者，皆謂之僞。」按僞謂人爲，非詐僞之謂。

〔六〕校補：論衡本性云：「故世子作養性書一篇（按世子，周人世碩），密子賤、漆雕開、公孫尼子之徒亦論情性，與世子相出入，皆言性有善有惡。」公孫子即公孫尼子，漢書藝文志謂孔子門下之弟子。是公孫等謂性有善有惡，非謂性無善惡。孟子告子上：「告子曰：性猶湍水也，決諸東方則東流，決諸西方則西流。人性之無分於善不善也，猶水之無分於東西也。」趙岐注：「湍者，圜也，謂湍湍瀠水也。告子以喻人性若是水也，善惡隨物而化，無本善不善之性也。」是稱性無善惡者，乃告子。

〔七〕黄注：揚子修身篇曰：「人之性也善惡混，修其善則爲善人，修其惡則爲惡人。氣也者，所適善惡之馬歟？」校補：渾、混通用。「人之性善惡渾」，謂人性之中善惡相渾，非純善純惡，故下文悦駁曰「性善惡皆渾，是上智懷惡，而下愚挾善也」。此與性有善有惡説異。

〔八〕黄注：向之意，以性善者情亦善，情惡者性必惡，故曰「相應」。校補：向字子政，説陰陽災異，漢書有傳。論衡本性：「劉子政曰：性，生而然者也，在於身而不發。情，接於物而然者也，形出於外。形外則謂之陽，不發者則謂之陰。」是向主性内而情外，故云「性情相應」，性之善惡見之於情也。按下文悦就以上諸説議之，列舉「性善」、「性惡」、「人無善惡（按「人」當作「性」）」、「性善情惡」、「性善惡皆渾」，而結之以「向言爲然」。唯所舉「性善情惡」之説於上文無交待，是此處劉向「性情相應」説之上，當有「性善情惡」説，今本蓋脱之。

〔九〕黄注：四凶，共工、驩兜、三苗、鯀也。校補：舜黜罰堯時之四凶，名如黄注所舉，見書舜典。一説四凶爲渾敦、窮奇、檮杌、饕餮，見左傳文公十八年。此駁上孟子性善説。

〔一〇〕黄注：孔子曰：「殷有三仁焉。」謂微子、箕子、比干也。校補：三仁當紂王時。此駁上荀子性惡説。

〔一一〕黄注：周公旦、管叔鮮、蔡叔度，皆武王同母兄弟。校補：此駁上公孫子性無善惡説。「人」當作「性」，上文云「公孫子曰性無善惡」，此引公孫子（實爲告子）之説而議之，故云「性無善惡」。

謂如云性無善惡，則文王之教化無二也，何以其子有性善如周公，又有性惡如管叔、蔡叔者？

〔二〕校補：舉「性善情惡」，於上文無所承，當是上文有脱失耳。

〔三〕黄注：「惠」當作「惡」。校補：按黄校是。此駁上揚雄「性善惡渾」説。「理也未究」，謂以上諸説皆未能盡人性之理。玉篇穴部：「究，盡也。」

〔四〕黄注：韓子三品之説有類於此。校補：韓愈作原性，以情有三品，對性之三品，見東雅堂韓昌黎集注卷十一。按性謂天性，如食色是也；情謂情感，如喜怒愛憎是也。生而然者謂之性，性感於物而發之於外謂之情。劉向僅曰「性情相應」，未言性之或善或惡。孔子言性相近、習相遠，其後之論人性者夥矣。夫孔子言習相遠者，謂人性之相遠以習染故。以習相遠，實乃後天之性。然先天之性何如耶？孔子但曰「相近」，未言其本善、本惡。蓋生而然者，無所謂善亦無所謂惡也。後人之論有曰性本善，有曰性本惡，有曰性本善惡相混，皆就後天之性以定其先天，顛矣。唯告子謂性本無善惡，乃近孔子「性相近」之説。夫人之性，飢欲食，渴欲飲，長而有牝牡之欲，趨利而避害，此皆與生而來者，無所謂善惡也。然人固非動物，人之生存不離社會之習染，其性謂之善，謂之惡，乃因人性之後天社會表現而異。即如飢欲食，天性也；奪人之食，性惡也。趨利避害，天性也；見利而不忘義，性善也。牝牡之欲，亦天性也。呂氏春秋恃君云上古之世「其民聚生羣處，知母不知父」，此母權制社會之羣交也。知母不知父，其性惡耶？易恒六五曰「婦人貞吉，從一而終也」，此父權制社會之倫理也。婦人從一而終，其性善耶？此皆因牝牡之欲而然，表現則因習俗而異，而後世觀之則有善惡之分耳。曰善曰惡，性之後天表現皆因時代之俗、個人之習而異。悦之駁諸子之也，舉堯時有惡人以駁孟之性善説，舉紂時有善人以駁荀之性惡説，舉周公、管、蔡善惡相異以駁公孫尼子（實告子）之性無善惡説。夫諸子何嘗言世無善人、無惡人乎？彼所異者，在稱其先天之性爲何如耳。至人之所以終成善惡，彼皆各有其説，非謂性本善必成善、性本惡必成惡也。是悦之駁亦未得矣。

或曰：「仁義，性也〔一〕。好惡，情也。仁義常善，而好惡或有惡。故有情，惡也〔二〕。」曰：「不然。好惡者，性之取舍也。實見於外，故謂之情爾，必本乎性矣〔三〕。仁義者，善之誠者也，何嫌其常善〔四〕？好惡者，善惡未有所分也，何怪其有惡〔五〕？凡言神者，莫近於氣。有氣斯有形，有神斯有好惡喜怒之情矣〔六〕。故人有情，由氣之有形也〔七〕。氣有白黑，神有善惡〔八〕。形與白黑偕〔九〕，情與善惡偕〔一〇〕，故氣黑非形之咎，情〔一一〕惡非情之罪也〔一二〕。」

〔一〕校補：孟子告子上：「告子曰：性猶杞柳也（按杞柳，木名），義猶桮棬也（按桮同杯，杯棬即杯盞），以人性爲仁義，猶以杞柳爲桮棬。」告子以爲人之性無善惡，須修習而後知仁義，猶木須待製而後成杯盞之器。如以人性自有仁義，猶以木即杯盞也。此或曰「仁義，性也」，即告子所駁之「以人性爲仁義」。

〔二〕校補：「而好惡或有惡」，上「惡」字音烏路切，憎也；下「惡」字音烏各切，不善也。謂人之愛憎好惡或有不善者。「故有情，惡也」，承上「而好惡或有惡」言，「情」指好惡之情。按此謂性有仁義，仁義常善，故性常善；情之好惡或有不善，故有情爲不善也。此爲性善情惡説。

〔三〕校補：此悦答，謂性所欲則好之，所不欲則惡之，性之實見於外，則謂之情，情必本於性也。

〔四〕校補：荀子非十二子楊倞注：「誠，實也，謂無虚僞也。」此答或曰「仁義常善」，謂仁義爲善之真實者，何疑其常善耶？按或曰「仁義常善」者，乃承「仁義，性也」言之，云「仁義常善」即謂性常善也。悦所答似未中肯綮。

〔五〕校補：此答或曰「好惡或有惡」、「故有情，惡也」。按或云「而好惡或有惡」，既言情之好惡或有不善者焉，則可知情之好惡亦或有善者矣，是「善惡未有所分也」。其善與不善既未分，則情之有惡又何足怪耶？

〔六〕校補：神，神智。氣，精氣。易繫辭上「精氣爲物」，孔穎達疏：「謂陰陽精靈之氣，氤氲積聚而爲萬物也。」管子心術：「氣者，身之充也。」古以萬物皆稟陰陽之精氣而生，精氣聚爲形骸，有形則有神，故曰「凡言神者，莫近於氣」。按下句云「有神斯有好惡喜怒之情矣」，此「神」實指性也。

〔七〕黄注：「人」當作「神」。校補：按黄校是。由同猶。上云「有神斯有好惡喜怒之情」，故曰「神有情」。上云「有氣斯有形」，故曰「猶氣之有形」。

〔八〕校補：「氣有白黑」，謂氣有和氣、乖氣也。上文曰「凡言神者，莫近於氣」，故謂神則因氣之黑白而有善惡。

〔九〕黄注：形之白黑，隨氣而有。校補：人稟氣而生，形骸隨氣之白黑而異，故曰「形與白黑偕」。廣雅釋言：「偕，俱也。」

〔一〇〕黄注：情之善惡，隨神而彰。即劉向性情相應之説。校補：「善惡」，指上文「神有善惡」。謂情隨神之善惡，故曰「情與善惡偕」。上文云「有神斯有好惡喜怒之情」，是情本於神。神亦即性也。

〔一一〕黄注：「情」當作「神」。校補：黄校是。

〔三〕黄注：悦言形之黑本於氣，情之惡本於性也。校補：形之不善，根於氣之乖，非形之過。情之不善，根於神之惡，非情之罪也。神即性也，故注曰「情之惡本於性」。

或曰：「人之於利，見而好之。能以仁義爲節者，是性割其情也〔一〕。性少情多，性不能割其情，則情獨行，爲惡矣〔二〕。」曰：「不然。是善惡有多少也，非情也〔三〕。有人於此，嗜酒嗜肉，肉勝則食焉，酒勝則飲焉〔四〕。此二者相與爭，勝者行矣〔五〕，非情欲得酒、性欲得肉也。有人於此，好利好義，義勝則義取焉，利勝則利取焉。此二者相與爭，勝者行矣〔六〕，非情欲得利、性欲得義也。其可兼者則兼取之，其不可兼者則隻取重焉〔七〕。若苟隻好而已，雖可兼取矣〔八〕。若二好鈞平，無分輕重，則一俯一仰，乍進乍退〔九〕。」

〔一〕校補：文選東京賦「不能節之以禮」，薛綜注引賈逵國語注曰：「節，制也。」節謂節制。後漢書劉玄傳「唯割既往謬妄之失」，李賢注：「割，絶也。」論衡本性「禁情割欲」，割欲即絶欲。割謂斷絶。人見利而好之，而能以性之仁義節制情之好利，是性絶情也。

〔二〕校補：「情獨行」，謂好利而不顧仁義，任情而行。按此亦謂性善情惡。

〔三〕校補：此下爲悦駁性善情惡之説。悦之意，謂好利而顧仁義，乃性善也；好利而不顧仁義，乃性惡也。是在性之善惡孰多孰少，而情與之相應耳，非情惡也。按悦主「性情相應」説，故答之如此。

〔四〕校補：嗜肉勝過嗜酒，則食肉。嗜酒勝過嗜肉，則飲酒。下文「義勝則義取焉，利勝則利取焉」，解仿此。

〔五〕黄注：行，謂食、飲。

〔六〕黄注：行，謂取義、取利。

〔七〕校補：説文「隻」訓「鳥一枚」，引申爲單一。慧琳一切經音義一引桂苑珠叢云：「隻，單也。」「隻取重焉」，謂若義與利不可兼得，則單取己所重者。

〔八〕黄注：（「雖可兼取」下）當有闕文。盧校：「雖可兼取」下，當脱「亦弗之兼」四字。錢校：「雖」，疑當作「難」。校補：此文雖不可臆補，其意蓋謂若單好義或利，即可兼取之，亦不兼取之矣。

〔九〕黄注：相持不定。校補：謂若好義好利等，無所輕重取捨，而勢不可兼得，則義利交戰於心，猶豫不決，左右爲難也。一俯一仰，一俯首一仰首，謂思而不決。助字辨略：「乍，忽也。」乍進乍退，謂進退取捨猶豫。

或曰：「請折於經〔一〕。」曰：「易稱『乾道變化，各正性命』，是言萬物各有性也〔二〕。『觀其所感，而天地萬物之情可見矣』，是言情者應感而動者也〔三〕。昆蟲草木皆有性焉，不盡善也〔四〕。天地聖人皆稱情焉，不主惡也〔五〕。又曰『爻彖以情言』，亦如之〔六〕。凡情、意、心、志者，皆性動之別名也〔七〕。『情見乎辭』，是稱情也〔八〕。『言不盡意』，是稱意也〔九〕。『中心好之』，是稱心也〔一〇〕。『以制其志』，是稱志也〔一一〕。惟所宜各稱其名而已，情何主惡之有？故曰必也正名〔一二〕。」

〔一〕校補：論語顏淵「片言可以折獄者」，邢昺疏：「折，猶決斷也。」按此或言乃承前文而問，謂請於經書斷定情本於性之說。

〔二〕黄注：乾彖曰：「乾道變化，各正性命，保合大和，乃利貞。」校補：「乾道變化，各正性命」，孔穎達疏：「言乾之爲道，使物漸變者、使物卒化者，各能正定物之性命。」舉此以證物皆有性。

〔三〕黄注：咸彖曰：「天地感而萬物化生，聖人感人心而天下和平。觀其所感，而天地萬物之情可見矣。」校補：「觀其所感，而天地萬物之情可見矣」，王弼注：「天地萬物之情見於所感也。」

孔穎達疏：「感物而動謂之情也。天地萬物皆以氣類共相感應，故觀其所感而天地萬物之情可見矣。」舉此以證情乃感應於物而發者。

〔四〕黄注：此復申「情不獨惡」之説。校補：此承上「萬物各有性也」言之，謂物皆有性，至於「昆蟲草木」亦無不然，故性不盡善。性不盡善，則知情不獨惡。

〔五〕黄注：此復申「性不獨善」之説。校補：漢書淳于長傳「長主往來通語東宫」，顔師古注：「主，猶專。」上文引咸卦彖辭云「天地萬物之情可見」，是天地稱情。下文引繫辭下「（聖人之）情見乎辭」，是聖人稱情。天地聖人皆有情，是情非專惡也。

〔六〕黄注：易繫辭曰：「八卦以象告，爻象以情言。」校補：「爻象以情言」，韓康伯注：「辭有險易，而各得其情也。」孔穎達疏：「人情不等，制辭各異也。」「亦如之」，言其意亦如上所言。按人情不等，爻象之辭以情言，故其辭亦有險易吉凶，是情非專惡。

〔七〕校補：謂情、意、心、志，四者皆性之感於物而動之稱，義同而名異，故曰「别名」。下引經文爲證。

〔八〕黄注：易繫辭曰：「聖人之情見乎辭。」

〔九〕黄注：易繫辭曰：「書不盡言，言不盡意。」

〔一〇〕黄注：詩彤弓曰：「我有嘉賓，中心好之。」

〔一一〕校補：「其志」，當作「六志」。「六」與古文「其」（「亣」）形似。左傳昭公二十五年：「民有好、惡、喜、怒、哀、樂，生于六氣，是故審則宜類，以制六志。」杜預注：「爲禮以制好惡喜怒哀樂六志，使不過節。」按好惡喜怒哀樂，情也，而稱「志」，是情亦謂之志。白虎通情性：「六情者何謂也？喜、怒、哀、樂、愛、惡謂六情。」

〔一二〕校補：謂「情」之稱，唯各隨其宜而名之，情何專爲惡之名哉，故曰必正其名也。論語子路：「子曰：必也正名乎。」謂使名與其實相符。

或曰：「善惡皆性也，則法、教何施？」曰：「性雖善，待教而成；性雖惡，待法而消。唯上智下愚不移〔一〕，其次善惡交争，於是教扶其善，法抑其惡〔二〕。得施之九品〔三〕，從教者半，畏刑者四分之三，其不移大數九分之一也〔四〕。一分之中又有微移者矣〔五〕。然則法教之於化民也，幾盡之矣。及法教之失也，其爲亂亦如之〔六〕。」

〔一〕黄注：論語文。

〔二〕校補：謂非上智、下愚者，其性可移於善，亦可移於惡，則善惡交相争於心，故以禮教助其善之長，而以刑法抑其惡之生。

〔三〕校補：漢書匈奴傳上顔師古注：「品，謂等差也。」漢書古今人表分人爲「上上聖人」至「下下愚人」凡九等。助字辨略：「得，能也。」「施之」，「之」指法、教。謂可於此九等之人施用禮教、刑法也。

〔四〕校補：大數，大凡之數，猶大略。按「從教者半」，「半」乃約舉，謂九分之五。九等人中，從禮教而還善者九之五，其餘畏刑法而去惡者又四之三，計其不移者僅四之一，大略佔九等人之九分之一耳。

〔五〕校補：不移之九分之一中，又有能稍微從善去惡者。

〔六〕校補：失，謂不得當。刑法禮教失當，則其爲亂亦幾盡之。

或曰：「法教得則治，法教失則亂。若無得無失〔一〕，縱民之情，則治亂其中乎〔二〕？」曰：「凡陽性升，陰性降，升難而降易。善，陽也；惡，陰也。故善難而惡易。縱民之情，使自由之，則降於下者多矣〔三〕。」曰：「中焉在？」曰：「法、教不純，有得有失，則治亂其中矣。純德無慝，其上善也〔四〕。伏而不動，其次也。動而不行，行而不遠，遠而能復，又其次也〔五〕。其下者，遠而不近也〔六〕。凡此皆人性也。制之者則心也，動而抑之〔七〕，行而止之〔八〕，與上同性也。行而弗止，遠而弗近，與下同終也。」

〔一〕校補：此猶言不施刑法禮教，故法教既無所謂當，亦無所謂不當。

〔二〕校補：列子力命「得亦中，亡亦中」，張湛注：「中，半也。」謂治亂各半。下文「中焉在」、「則治亂其中矣」，「中」亦指半治半亂。

〔三〕黄注：若無法教，則爲惡者易，故多。校補：「自由之」，「之」承上句指「情」，謂使民自從其性情。

〔四〕錢校：治要無「善」字，此疑衍。校補：按錢校近是，下文「與上同性也」，亦無「善」字。

〔五〕黄注：動，謂惡之萌動。行，則見之於外。遠，則行而不返。

〔六〕錢校：治要作「其下遠而已矣」。校補：按「近」，當作「返」，形似而誤。上文云「遠而能復」，復即返也。此云「遠而不返」，與「遠而能復」正相反，謂行惡不止，久而不歸正也。如作「遠而不近」，則語重而義複。下文「遠而弗近」，「近」亦「返」之誤。

〔七〕黄注：遏於隱微。

〔八〕黄注：禁於履踐。

君子嘉仁而不責惠〔一〕，尊禮而不責意〔二〕，貴德而不責怨〔三〕。其責也先己，而行也先人〔四〕。淫惠、曲意、私怨，此三者實枉貞道，亂大德〔五〕。然成敗得失，莫匪由之〔六〕。救病不給，其竟奚暇於道德哉？此之謂末俗〔七〕。故君子有常交，曰義也；有常誓，曰信也〔八〕。交而後親，誓而後故，狹矣〔九〕。大上不異古今，其次不異海內，同天下之志者，其盛德乎〔一〇〕。大人之志不可見也，浩然而同於道〔一一〕。衆人之志不可掩也，察然而流於俗〔一二〕。同於道，故不與俗浮沉〔一三〕。

〔一〕校補：禮記禮運鄭玄注：「嘉，樂也。」說文貝部：「責，求也。」責者，本謂索求、要求，引申爲責問、責備。慧琳一切經音義二引說文云：「責，求也，問也。」二義兼訓。此節「不責惠」、「不責意」，「責」訓責求；「不責怨」，「責」當訓責備。惠，指下文之「淫惠」，謂施惠無節制。言君子雖樂仁惠，而不求人濫施恩惠。蓋濫施恩惠者，非仁惠之謂。

〔二〕校補：意，指下文之「曲意」。言君子雖重禮敬，而不求人曲意奉承。蓋曲意奉承者，非禮敬之謂。

〔三〕校補：怨，即下文之「私怨」。言君子貴德，而不責備人私怨於己。

〔四〕校補：謂君子責己先於責人，事則先於人而行。「先己」，使己在人先也。此「先」字乃使動用法。「先人」，已先於人也。

〔五〕校補：廣雅釋詁：「貞，正也。」

〔六〕校補：經傳釋詞：「然，猶而也。」「成敗得失」，偏指敗、失。「莫匪由之」，猶言無不由之。「之」指上「枉貞道，亂大德」言。

〔七〕校補：給音居立切。不給猶言不及、不暇。國語晉語一「豫而後給」，韋昭注：「給，及也。」漢書王莽傳下「不給復憂盜賊治官事」，顏師古注：「給，暇也。」助字辨略：「竟即究竟，省言之也。」此承上文言之，意謂所以有敗有失皆由枉正道、亂大德，此病救之猶恐不及，尚有何閑暇空言道德哉？此可謂末世之俗也。

〔八〕校補：説文言部：「誓，約束也。」文選贈蔡子篤詩「君子信誓」，六臣注引李周翰曰：「誓，約也。」誓謂約信、約定。「常交」，謂君子與人交有常道，即義也。「常誓」，謂君子守約有恒，即信也。

〔九〕校補：親、故互文，故亦親也。周禮秋官小司寇鄭玄注：「故，謂舊知也。」舊交曰「故」，故引申亦有親近之義。交而後親，誓而後故，皆有待於人之交己，非己先待人以親厚、信義，故曰「狹」。

〔一〇〕校補：「大」同「太」，程本、四庫本作「太」。「同」爲動字。謂太上不分古今，其次不分地域，有能使天下同一其志者，則斯人德盛矣。

〔一一〕黄注：大人之志，渾合造化，故不可窺量。校補：論語季氏集解：「大人即聖人，與天地合其德者也。」按政體篇云：「立天之道曰陰與陽，立地之道曰柔與剛，立人之道曰仁與義。」此云大人之志同於道，即以仁義爲志。上文云「同天下之志」，亦即同以仁義爲志。

〔一二〕黄注：衆庶之志，流順世俗，故易於照鑒。校補：淮南子主術「法令察而不苛」，高誘注：「察，明也。」察然，猶昭然。謂衆人之志昭然與世俗同流。

〔一三〕黄注：言大人合道，故超俗。

或曰：「脩行者，不爲人耻諸神明，其至也乎〔一〕？」曰：「未也。自耻者，本也。耻諸神明，其次也。耻諸人，外矣〔二〕。夫唯外，則慝積於内矣〔三〕。故君子審乎自耻〔四〕。」

〔一〕校補：脩、修通用，「修行」謂修德。莊子大宗師「修行无有」，成玄英疏：「修己德行，無有禮儀。」爲讀平聲。耻，羞愧。慧琳一切經音義十六引考聲云：「耻，愧也。」經傳釋詞：「諸，於也。」謂修德者，爲人無愧於天地神明，可謂修德之極至乎？

〔二〕校補：外，表也。蓋君子以能自知愧爲本，無愧於心則自然無愧於神明，故知羞愧於神明尚爲其次。至於知羞愧於人，則僅在外表也。蓋示人愧情者，或有矯僞作虚而飾其表，其内心未必誠知羞愧，故曰「外矣」。

〔三〕校補：廣雅釋詁：「慝，惡也。」禮記禮器「無節於内」，孔穎達疏：「内，猶心也。」唯飾其外而不知自愧，則惡念積於心，未發而已。

〔四〕黄注：能自愧恥，則必能脩行，而幽明無作矣。校補：淮南子本經高誘注：「審，明也。」

或曰：「恥者，其志者乎〔一〕？」曰：「未也。夫志者，自然由人，何恥之有〔二〕？赴谷必墜，失水必溺，人見之也。赴穽必陷，失道必沈，人不見之也，不察之故〔三〕。君子慎乎所不察。不聞大論則志不弘，不聽至言則心不固〔四〕。思唐、虞於上世，瞻仲尼於中古，而知夫小道者之足羞也〔五〕。想伯夷於首陽〔六〕，省四皓於商山，而知夫穢志者之足恥也〔七〕。存張騫於西極〔八〕，念蘇武於朔垂〔九〕，而知懷閭室者之足鄙也〔一〇〕。推斯類也，無所不至矣〔一一〕。德比於上〔一二〕，欲比於下〔一三〕。德比於上故知恥，欲比於下故知足。恥而知之，則聖賢其可幾〔一四〕；知足而已，則固陋其可安也〔一五〕。

聖賢斯幾，況其爲慝乎〔一六〕？固陋斯安，況其爲侈乎〔一七〕？是謂有檢〔一八〕。純乎純哉，其上也〔一九〕。其次得概而已矣〔二〇〕。莫匪概也，得其概，苟無邪，斯可矣〔二一〕。君子四省其身，怒不亂德，喜不義也〔二二〕。」

〔一〕校補：前節云：「凡情、意、心、志者，皆性動之別名也。」下文悅答曰「夫志者，自然由人」云云，則此「志」亦指情言。問知羞愧者，乃人之情乎？

〔二〕校補：謂情乃由人之自然者，情何自生羞愧耶？

〔三〕校補：失，失脚也，本亦作「跌」，失、跌同聲。說文井部：「穽，陷也。」即陷阱。赴谷則墜，落水則溺，谷、水皆目所見，故人皆知之。赴穽則沉陷，失道義則沉淪，陷阱、道義皆目所不見，則人不知，以不察故也。

〔四〕校補：管子侈靡「汝言至焉」，尹知章注：「至，謂盡理。」心不固，謂志意不堅。

〔五〕校補：論語泰伯下「唐、虞之際，於斯爲盛」，集解引孔安國曰：「唐者，堯號。虞者，舜號。」思堯舜於上世，瞻孔子於中古，而後知道之大，覺小道爲足羞。按此以堯舜並三代爲上世，故以春秋之孔子屬之中古。

〔六〕校補：伯夷與弟叔齊爲商孤竹君之子。周文王卒，子武王伐商紂，夷、齊扣馬而諫武王，以爲父死不葬爲不孝，以臣伐君爲不仁。及武王平商，夷、齊恥食周粟，餓死於首陽山。事見史記伯夷列傳。

〔七〕校補：荀子王制楊倞注：「省，觀也。」上文曰「思唐、虞於上世，瞻仲尼於中古」，以「思」與「瞻」對，此云「想伯夷於首陽，省四皓於商山」，以「想」與「省」對，省亦猶瞻也。文選雜體詩三十首張廷尉綽六臣注引張銑曰：「皓，老人貌。」按皓謂白首。四皓即商山四公，見雜言上「或曰：在上有屈乎」節注。穢，不潔也。穢志，謂志趣卑污。

〔八〕黄注：張騫，漢中人，建元中爲郎，應募使月氏，與堂邑氏奴甘父俱出隴西，徑匈奴。匈奴得之，傳詣單于，留騫十餘歲。騫亡至大宛，爲發譯道，抵康居。康居傳致大月氏，至大夏。留歲餘，還，並南山，欲從羌中歸，復爲匈奴所得。留歲餘，單于死，國中亂，騫與胡妻及堂邑父俱亡歸漢。拜騫大中大夫。初騫行時百餘人，去十三歲，惟二人得還。校補：玉篇木部：「極，遠也。」西極，西方遠地，指西域。

〔九〕黄注：朔，北方也。校補：存、念互文。詩鄭風出其東門「匪我思存」，「思存」複語，存亦思念。禮記祭義鄭玄注：「存，則謂其思念也。」説文土部：「垂，遠邊也。」後起字作「陲」。蘇武，見雜言上「或問曰難行」節注。

〔一〇〕校補：廣雅釋宮：「閭，里也。」閭室，鄉里家室。念鸞、武遠赴異域以效力國家，而後知留戀鄉土家室者之足可鄙薄。

〔一一〕校補：意謂以此類推之，則道德志趣無所不至高尚之境。按此即「見賢思齊」之謂。

〔一二〕黄注：上謂聖賢。

〔一三〕黄注：下謂貧賤。

〔一四〕校補：經傳釋詞：「其，猶殆也。」按猶今言大概。幾通冀，冀望。漢書五行志中之上「幾以獲神助」，顏師古注：「幾讀曰冀。」「聖賢其可幾」，言殆可望成聖賢。

〔一五〕校補：此「固陋」承「知足」言，當謂困厄簡陋。固訓閉，引申爲困厄。安，謂心安。

〔一六〕黄注：必無邪慝。校補：經傳釋詞：「斯，猶乃也。」

〔一七〕黄注：必無放侈。

〔一八〕校補：書伊訓孔穎達疏：「檢，謂自攝斂也。」字彙木部：「檢，檢束也。」有檢，謂有節操。

〔一九〕校補：謂德行純無瑕疵，是爲上等。

〔二〇〕校補：史記伯夷列傳索隱：「概是梗概，謂略也。」概謂大略、大要。不能純，而得其大要，是爲次等。

〔二〕校補：「莫匪」同「莫非」，猶言「無非」。言無外乎概而已，得其概而不爲邪，則可矣。

〔三〕黄注：（「喜不」下）缺一字。校補：論語學而「曾子曰：吾日三省吾身」，云「三」者，舊解謂再三，集注謂指三事。此易「三」爲「四」，當用再三再四之義。又按永樂大典載傅子仁論篇，採入申鑒此節（見四庫本、武英殿聚珍本傅子），文作「君子内省其身，怒不亂德，善不亂義也」。「四」作「内」，義長。「善」爲「喜」之形訛。今本「喜不」下當脱一「亂」字。

附録一　序跋提要

申鑒注序（治按：四部叢刊本此序末葉與後王鏊序末葉互錯，今乙正。）

班史載劉向稱賈誼通達國體，伊、管未能遠過。今觀其著述采掇于傳中者，其論甚美，蓋信乎其然也。荀悦作申鑒，范史亦稱悦通見政體，掇其篇首數百言見之其傳，且謂其所爲漢紀論辨多美。今仲豫書具在也，然則仲豫亦長沙之流亞乎？誼言當方興有道之朝，雖爲庸臣所害，而不害其略施行矣。悦言適垂盡無用之世，有如昔人切於世事者乎？上雖善之，奚益？悦辟曹操府，與從弟彧、北海孔融同侍講中禁，獻替閒莫能直遂。融、彧前後死賊手，勢益孤，是書之作，如之何其敢及也？於戲！正色抗情者生不足樂，文舉之被戮，無羡仲豫之生；功申運改者死抱餘恨，仲豫之幸存，未必不如文若之死。士有經世志略，孰不願得所天而事之？顧所遭何如，所自爲處何如耳。悦於所遭與誼異，所自處異乎融暨彧矣。吴郡黄君勉之爲申鑒注，其真有所感，如跋君注者之所云乎。君青年博學，精義理，工文詞，凡古今載籍，奇探賾舉，胡乃屑注是書？吾固知其有所感而爲也。悦是書視賈誼新書大抵相類，皆欲以經世者。太傅五十八篇，予嘗手加編次訂正，至訛誤處不敢不闕其疑。是五篇者，宋尤袤刻寘江西漕臺時，已云其簡編脱繆，字畫差舛。君兹所注，得微其本歟？有功仲豫多矣。幸併予所疑於太傅書者補其闕焉，亦二子身後之一遭也。嘉靖乙酉十一月冬至日，郴燕泉何孟春子元父序。

申鑒注序

申鑒五卷，漢荀悦著。悦仕獻帝朝，辟曹操府，與孔融及弟彧同侍講禁中。悦每有獻替，而意有未盡，此申鑒所爲作者，蓋有志於經世也。然當時政體，顧有大於攬機務，使權不下移者乎？而曾無一言及之，何哉？厥後融以論建漸廣，彧以不阿九錫，皆不得其死。悦獨優游以壽終，其亦善處濁世者矣。其論政體，無賈誼之經制而近於醇，無劉向之憤激而長於諷。其雜言等篇頗似揚雄法言，雄曲意美新，而悦無一言及於操，視雄爲優矣。或言悦書似徐幹、王符，考其歸，兹若人之儔乎？吾未知所先後也。而三品之説，昌黎公有取焉。其書世亦罕傳，吾蘇黄勉之好蓄異書，又爲之訓釋，搜討磔裂，出入五經、三史、春秋内外傳、老莊、淮南、素難、天官地志，博洽精密，多得悦旨。雖然，悦之書其有所感而爲乎？勉之之注豈亦有感而爲乎？勉之春秋方富，行將抒其學，出而効用，當炳焉恭焉流聲實於天朝，尚何悦之慕哉。正德十四年歲在己卯冬十月既望，光禄大夫柱國少傅兼太子太傅户部尚書武英殿大學士致仕王鏊序。

注申鑒序

荀卿五十遊齊，在襄王時爲老師，被讒適楚，處濁世亡國亂君之間，著書數萬言，而竟無所施究，悲哉！逮十三世而有悦，其所遭之時如卿然，故托疾隱居。然不能高深丘壑，至建安初，辟於操府，遷黄門侍郎。時從弟彧適守尚書令，而孔融自山東徵來，以是得同侍講中禁，濟經之務頗相討論。但政移曹氏，天子尸居，雖有嘉猷，將安用之？悦恐意藴終不得披露，遂拾漢故新事，及所欲獻替者，爲申鑒五篇以奏。嗚呼！亦徒空言也矣。厥後篡業日開，蘭凋玉玷，麟囚鳳戮，而悦獨晏然保首領以没者，良以融頻寓書規操，而操軍國之事必籌於彧，由此戾忤而不免也。悦於見幾君子誠若有愧，然立漢庭十二年，清虚沈静，未嘗效一言於操，不其賢歟？不其賢歟？予嘗悲其所遭，而讀其書間窺其領要，遂爲之注，浹旬而成，共得萬四千餘言，以笥藏之。雖不能無揭竿求海之病，而事可證引者亦略具矣。若其深詞奥義，譌文脱簡，則竢大方君子覽而正焉。正德己卯秋九月望，吴郡黄省曾序。

跋申鑒注後

右荀悦申鑒五卷，乃吴郡黄文學勉之所注也。漢史載悦爲獻帝黄門侍郎，是時政移曹操，故申漢故事以爲帝鑒，及泄所藴負，共五篇，以上。一曰政體，二曰時事，三曰俗嫌，四曰雜言上，五曰雜言下，皆深切時弊、關治化、人君所當遵行者，悦之用心可謂勤矣。勉之感其所遭，而先帝之時，適有奸臣心迹如操者竊弄威柄，遂憤激爲注此書，共得萬四千餘言，中所引據又皆漢事，尤爲博洽。少傅守谿王公謂其有感而爲者，誠然哉。昔揚雄自言所著太玄經，後世必有知子雲者。今觀勉之之注，殆亦深知荀悦者與？正德辛巳冬十一月望白巘山人喬宇識。

識

右荀悦申鑒五卷。悦字仲豫，潁川人，荀氏「八龍」儉之子也。漢書本傳云，悦好著述，初辟鎮東將軍曹操府，遷黄門侍郎，累遷侍中。時政移曹氏，天子恭己而已。悦志在獻替，而謀無所用，乃作申鑒五篇，其所論辨，通見政體。書奏，帝覽而善之。又以班固漢書文繁難省，令悦依左氏傳體爲漢紀三十篇，辭約事詳，論辨多美。二書並行於世。顧漢紀自宋祥符後凡四五鋟板，國朝襄平蔣氏復與袁宏後漢紀合刻，以廣其傳。而此書獨少傳本。前明正統時，吴郡黄勉之始爲訓釋，復賴何氏采入漢魏叢書，而後不至與桓譚新論、仲長統昌言等書同歸烏有也。近抱經堂羣書拾補内申鑒一則，乃合程氏、何氏、黄氏三本參校。要之，諸本俱無甚脱誤，盧氏多據他書及己意修改，於此書亦未必無小補云。汝上王謨識。

四庫全書總目提要

申鑒五卷，漢荀悦撰。悦有漢紀，已著録。後漢書荀淑傳稱悦侍講禁中，見政移曹氏，志在獻替，而謀無所用，乃作申鑒五篇。其所論辨，通見政體，既成奏上，帝覽而善之。其書見於隋經籍志、唐藝文志者皆五卷，卷爲一篇。一曰政體，二曰時事，皆制治大要及時所當行之務。三曰俗嫌，皆機祥讖緯之説。四曰雜言上，五曰雜言下，則皆泛論義理，頗似揚雄法言。後漢書取其政體篇爲政之方一章，時事篇正當主之制、復内外注記二章，載入傳中。又稱悦别有崇德、正論及諸論數十篇，今並不傳，惟所作漢紀及此書尚存於世。漢紀文約事詳，足稱良史。而此書剖析事理亦深切著明，蓋由其原本儒術，故所言皆不詭於正也。明正德中吴縣黄省曾爲之注，凡萬四千餘言，引據博洽，多得悦旨。其於後漢書所引間有同異者，亦並列其文於句下，以便考訂。然如政體篇「真實而已」句，今本後漢書

「實」作「定」，「不肅而治」句，今本後漢書「治」作「成」，而省曾均未之及，則亦不免於偶疎也。

附録二　評論三則

〔宋〕黄震（黄氏日鈔五十七。治按：引申鑒闕文據文始堂本補。）

申鑒五篇，東漢荀悦書也。自言道本仁義，備在典籍，前鑒既明，後復申之，謂之「申鑒」。然大抵辭繁理寡，體亦不一。政體第一，時事第二，多舉凡目，頗用汲冢周書之體。俗嫌第三，雜言第四、第五，多用或問，頗效揚雄法言之體。其言之合於理者，如曰「人主有公賦無私求，有公用無私費，有公役無私使，有公賜無私惠，有公怒無私怨」，如曰「求己之所有餘，奪下之所不足，捨己之所易，責人之所難，怨之本也」，如「孺子之驅雞也，而見御民之術，迫則飛，踈則放，志〔閑則比之〕」，志安則循路而入門」，「或問卜筮，曰吉而濟，凶而救之，謂益。吉而恃，凶而怠之，謂損」，「或問避疾厄，曰可避非身，可逃非神。孺子掩目巨夫之掖，而曰逃，可乎」，「或問神仙之術。曰終始，運也；短長，數也。運數非人力之爲也」，「體宜調而矯之，神宜平而抑之，必有失和者矣」。又謂「人臣之義，不曰吾君能矣，不我須也，言無補也，而不盡忠；不曰吾君不能矣，不我識也，言無益也，而不盡忠。進忠有三術，先其未然（謂之防），發而止之謂之救，行而責之謂之戒」。凡其言之合於理者，如此。如曰「善治民者治其性，故跖可使與伯夷同功」，則喜於立論之過。論性情者屢章，而當於理者殊少。文亦頗卑弱，與其所著漢紀頗不類，未知果悦之真否。此本淳熙九年尤袤刻江西漕司。

〔元〕胡三省（資治通鑑六十四注）

荀悦申鑒，其立論精切，關於國家興亡之大致，過於彧、攸。至于揣摩天下之勢，應敵設變以制一時之勝，悦未必能也。曹操奸雄，親信彧、攸，而悦乃在天子左右。悦非比於彧、攸，而操不之忌，蓋知悦但能持論，其才必不能辦也。嗚呼，東都之季，荀淑以名德稱，而彧、攸以智略濟。荀悦蓋得其祖父之彷彿耳，其才不足以用世。其言僅見于此書，後之有天下國家者，尚論其世，深味其言，則知悦之忠于漢室，而有補于天下國家也。

〔明〕方孝孺（遜志齋集四雜著讀荀悦申鑒）

荀悦申鑒五卷，其論治亂興亡之理詳矣。悦生漢之衰，丁靈、獻之際，强臣竊柄，天下潰潰，日非漢有。悦雖侍講禁中，而天子拱手受制，知其莫之有爲，著此書以宣其志。悦蓋有用之材，又親見世之亂，故其言愈有徵據，從而行之，可以爲治。而自漢以來鮮有言之者，縱或言之，特以其文辭而已。著書之不足恃，如是哉！然秦焰之餘，聖道滅息，唐虞三代之大經且廢，而不講爲治者視之，以爲空言而共譁笑之，則夫悦書之不用又無足怪也。余讀其書，至曰「以智能治民者泗也，以道德治民者舟也」，悦然失色而悲之。

附録三　荀悦傳（附見後漢書荀淑傳）

悦字仲豫，儉之子也。儉早卒。悦年十二，能説春秋。家貧無書，每之人間〔一〕，所見篇牘〔二〕，一覽多能誦記。性沈静，美姿容，尤好著述。靈帝時閹官用權，士多退身窮處〔三〕，悦乃託疾隱居，時人莫之識，從弟彧特稱敬焉〔四〕。初辟鎮東將軍曹操府〔五〕，遷黄門侍郎〔六〕。獻帝頗好文學〔七〕，悦與彧及少府孔融侍講禁中〔八〕，旦夕談論。累遷祕書監、侍中〔九〕。時政移曹氏，天子恭己而已〔一〇〕。悦志在獻替〔一一〕，而謀無所用，乃作申鑒五篇。其所論辨，通見政體〔一二〕，既成而奏之。其大略曰（中略）。帝覽而善之。

帝好典籍，常以班固漢書文繁難省，乃令悦依左氏傳體以爲漢紀三十篇，詔尚書給筆札〔一三〕。辭約事詳，論辨多美。其序之曰（中略）。又著崇德、正論及諸論數十篇〔一四〕。年六十二，建安十四年卒。

〔一〕爾雅釋詁：「之，往也。」「人間」，猶民間。

〔二〕說文片部：「牘，書版也。」書寫之木版曰牘，引申爲書籍。篇牘，篇章書籍。

〔三〕晏子春秋問上二：「晏子辭，不爲臣，退而窮處。」退身窮處，謂隱居不仕。

〔四〕戰國策秦策四「吾特以三城從之」，高誘注：「特，獨也。」堂房兄弟曰「從」，音足用切。集韻去聲三用：「從，同宗也。」「稱敬」，稱譽、敬重。

〔五〕文選詣蔣公奏記李善注：「辟，召也。」辟謂聘召。按曹操遷鎮東將軍在獻帝建安元年六月，其年十月轉拜司空，見三國志魏書武帝紀，是悅應曹聘召即在建安元年。本傳曰悅「年六十二，建安十四年卒」，則建安元年悅年四十九也。

〔六〕續漢書百官志三：「黃門侍郎，六百石。本注曰：無員。掌侍從左右，給事中，關通中外。」按黃門，禁中也。後漢書孝獻帝紀李賢注引輿服志曰：「禁門曰黃闥。」黃門侍郎供職宮内，侍從帝左右，傳詔令。後漢書孝獻帝紀載獻帝即位「初令侍中、給事黃門侍郎員各六人」，給事黃門侍郎即黃門侍郎，本無定員，獻帝初始置六人。

〔七〕論語先進：「文學：子游、子夏。」邢昺疏：「若文章博學，則有子游、子夏二人也。」文學，辭藻文章之學。

〔八〕彧從曹操爲司馬，操統軍治國，功業多出彧之謀，後以不奉操進爵魏王，飲藥自盡，後漢書、三國志並有傳。融爲「建安七子」之一，獻帝都許，徵爲將作大匠，遷少府，後免官，復爲太中大夫，恃才自負，語多譏刺曹操，後爲操所殺，後漢書有傳。侍講，侍奉天子講授經學。

〔九〕後漢書孝桓帝紀「（延熹二年）初置祕書監官」，李賢注：「漢官儀：祕書監一人，秩六百石。」按祕書監典守宮禁祕藏之圖書文籍。續漢書百官志三：「侍中，比二千石。本注曰：無員。掌侍左右，贊導衆事，顧問應對。」按黄門侍郎、侍中皆天子侍從，唯侍中官秩高。

〔一〇〕資治通鑑六十四胡三省注：「言恭己南面而已，政事無所預也。孔子曰：『無爲而治者，其舜也歟？夫何爲哉，恭己正南面而已。』後世遂以政在强臣，己無所預爲『恭己』。」

〔一一〕資治通鑑六十四胡三省注：「獻可、替否。」

〔一二〕「通見」，猶通明、通達。謂通曉爲政之體要也。

〔一三〕尚書，指屬官尚書右丞，掌筆墨諸財用庫藏，見續漢書百官志三。給音居立切，供也。札，簡牘也。

〔一四〕四庫全書總目提要：「崇德、正論及諸論數十篇，今並不傳。」